おばあちゃんの名前は
珠子と言います

－珠子と京都の100年記－

おばあちゃんの名前は珠子と言います

－ 珠子と京都の100年記 －

吉川 珠子
Tamako Yoshikawa

海鳴社

まえがき　2023.1

私が昔の暮らしを書いてみようと思ったきっかけは、ひ孫が中学三年の時の夏休みの宿題で「日本の戦時中の事をお年寄りから聞いて文章にしよう。」という課題があったためでした。その文を読んだひ孫のクラスメイトが興味を持たれたので、昔のことを書いてみようと思うようになりました。

ＮＨＫ文化センター京都教室の「やさしい文章教室」に入会させて頂き、二〇二一年四月から月一回千六百字の文を書くようになりました。講師の浅田厚美先生が、「なんでも覚えている事を書いて下さいね」と励まして下さり、二年近く続けています。

近しい人達に読みたいと言われ、コピーを厚意でして下さったお友達が、ご自分も句集を出され「あなたも本にしたら？」と言ったので、思わぬ事で出版することになりました。

百歳の専業主婦が書いた、つたない文章ではありますが、読んで頂ければ嬉しいです。

まえがき

もくじ

珠子と京都の 100年 おもいでMAP

五条堺町西入塩窯町で生まれ、有隣小学校を経て荒神口の府立第一高等女学校へ進学、当時烏丸高辻にあった高島屋で着物を買い、嵐山で暮らした戦中・戦後、そして…

珠子の思い出の100年を京都の地図でたどりました。

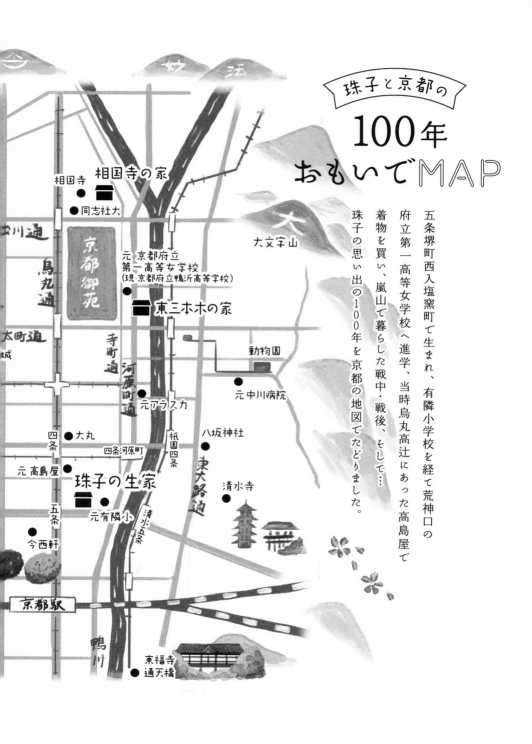

KYOTO
大徳
船
金閣寺
北野天満宮
北野白梅町
清涼寺
（嵯峨釈迦堂）
双ケ丘
西大路通
千本通
初代
関西精機
嵐山の家
帷子ノ辻
渡月橋
嵐山
御池通
二条
三条通
四条通
桂川
丹波口
移転後の
関西精機
五条通
西京極
七条通

おばあちゃんの名前は珠子と言います　2021.9

白珠は人に知らえず
知らずともよし
知らずとも　我し知れらば
知らずともよし

私はこの万葉の歌が何となく好きで、自分の事を珠子と言う事にしました。

大正十一年六月、珠子は下京区五条堺町塩竈町の今中家では五人目になる三女として生まれました。祖母は三人目もまた女であったことを残念がっていたようです。

お父さん・儀兵衛は小間物屋の三代目で十七代も続いた本家からの分家でした。初代も二代目も娘にお店の番頭さんを婿養子に迎え儀兵衛を名乗ってもらっていました。お父さんは三代目で初めて生まれた男子でした。

お母さんとの結婚は知人の紹介で、結婚式場で初めて夫となるお父さんに会うはずだったのですが、最初に出てこられたのが夫の父で、それを夫になる人と勘違いし「こんなお年寄りと結婚するの、嫌やなあ」と思ったそうです。北区の大徳寺の近くにお母さんの実家がありました。嫁いできた頃は正座をすると、お父さんより座高が高くなるほど、太っていたと聞いています。晩年の痩せたお母さんしか知らない珠子には想像もできなかったことです。

大人になってから知ったのですが、お母さんは結核を患ったこともあったそうです。珠子が家にいた頃は、よく働く人で、夏などは朝も夕方も雑巾がけをしていました。当時はアスファルトの道ではなく、土ぼこりが舞っていたため、家の中も汚れやすかったのです。

珠子がまだ小さくて物心ついたくらいの頃の今中家の暮らしは、両親と子供六人、上女中さん、下女中さん、子守さん、お店の人が十人程、皆で二十人程が一緒に暮らす大世帯でした。

大きな栗色の木の米びつからお米を少し紙袋に入れてもらい、女中さんと堺町通を仏光寺まで歩いてよく遊びに行きました。鳩が大屋根から羽音をたてて一斉に集まってきて、頭を上げ下げしてお米を食べる様子を見て珠子は喜んでいました。

幼稚園も堺町松原下るにあり、いつも女中さんと一緒に通っていました。ある日女中さんがそっと帰られるのを目敏く見つけ、淋しくてわぁわぁ泣き出しました。すると園長先生が珠子を抱いて歌いながらお遊技をして、気をそらせて下さいました。その場の園長先生のお顔、髪型、袴姿、「赤いべべ着た可愛い金魚　おめめ覚まして夢から覚めた」と輪になって皆と一緒に歌った情景が今もはっきり目に浮かんできます。

またある時、幼稚園に行きたくなくて台所から出て玄関に隠れていると、玄関に回ってきたお母さんが後ろから声を掛けてきました。その時全身が震えあがる程、怖く感じたのを今でも思い出します。しかし卒園式の写真では、リボンのついた卒園証書を持ってにこやかに並んでいる様子がうかがえます。

その頃お父さんは全国小間物卸業組合の組合長で、東京への出張が多くありました。お土産にはいつも銀座オリンピックの動物型チョコレートと、紙箱がふくらむ程ぎゅうぎゅう詰めの浜納豆を二箱買ってきてくれました。珠子の兄弟姉妹の朝食にはこの納豆がよく出てきました。あまり塩からくなく、豆がそのまま茶色になった様な、八丁味噌の様な味の食べやすい納豆で、今でも大好きな食べ物です。最近あまり見かけなくなってしまいましたが。

珠子は一度、女中さんのお部屋で女中さんと一緒に寝た事がありました。その夜中にふと目を覚ますと女中さんの下半身がすっぽんぽんだったんです。何か薄い物をはいていられるのかと、そっと触ってみると素肌のまんまだったんです。本当に驚きました。

今思うと珠子達は洋服でしたが、女中さんは着物にたすきで働いていられたので、それで下着は腰巻だけだったのでしょう。

冬になると掘りごたつをしました。炭をガスでおこし十能（熱い炭を運ぶための器）に入れ、こたつの灰のある所へ移し蓋をしてこたつの中を暖めます。おふとんを被せると掘りごたつの完成です。毎日夜になると、珠子達の寝巻をそのこたつに掛けて暖め、洋服をぬぐと、女中さんが暖まった寝巻を瞬時に後ろから優しく掛けてくれました。その暖かくふんわりとした感触は今でも忘れられません。

女中さんは朝早くから夜八時頃まで働いていました。お休みも盆と正月の一年でたったの二回だけでした。彼女等の本名や出身地も知らず、お世話になりながらお礼の一言も言えずにお別れになってしまったことは、今となっては何とも悔やまれてなりません。

珠子の幼少期は穏やかに過ぎていきました。

珠子の小学校時代（一）　2021.11

珠子は大きな銀杏の木がそびえ立つ下京区の有隣小学校に入学しました。祖母、お父さん、兄さん達、弟の八人が通った木造二階建の学校でした。入学式はあまり記憶にはないのですが、親は誰も来ていられなかったです。学芸会、運動会も同様、親の姿はありませんでした。

運動会は校庭に旗が張り巡らされ、軍艦マーチが響きわたり、わくわくする光景でした。珠子は一生懸命走りましたが、いつもビリでした。そしてお昼になると体操服のまま家にごはんを食べに帰り、午後の部に間に合うよう急いで学校に戻っていました。

一年生の最初の授業は、ぬり絵でした。上手に描けた人は後ろに貼り出されていました。珠子のは見当たらず、あんなに上手に描けたのにと思っていました。後に大人になって、その絵が出てきたのですが、よく見ても線からはみ出て何が描かれているかわからず、この絵を上手に描けたと思った子供心の不思議議を感じました。

入学したばかりの頃、姉さんを受け持つ先生が教員室の窓から珠子を呼び止めました。

珠子は「へえ」と返事をしました。すると先生が「あの子、『へえ』と返事をするんだ」と不思議そうに言っておられるのが聞こえて、学校では「はい」と返事をするのが普通なんだと知りました。家では両親にも敬語を使っていました。「お父さん、どこへおいきやすの？」や「お母さん、これもろてもよろしおすか？」とかで、その返事に「へえ」や「おおきに」と言っていました。

後の話になりますが、珠子が長女を出産して、病院にお父さんがお見舞いに来てくれた時に、お父さんに「具合はどうですか」と聞かれて、「へえ、おおきに、元気です」とか答えたのだと思います。お父さんが帰った後で看護婦さんに「今のは父です」と言うと驚いて「まるっきり他人さんとの会話かと思いました」と不思議そうにされていました。

また、三姉妹が久しぶりに会い、タクシーの中でおしゃべりをしていた時の事、降りる時に姉さんが運転手さんに「私達三姉妹なんです」と言いました。すると運転手さんが驚いて「すみません、すみませんと気を使いながらしゃべられていたので、他人同士かと思っていました」と言っていました。子供の頃の習慣で京の商家は特別丁寧な言葉遣いになっていたようです。

今は珠子の娘二人とも神奈川県に暮らしているので、孫達に気に入られようと、孫の言葉を真似て中途半端な言葉になり、京都弁が使えなくなってしまいました。純粋な京都弁を話せる人は大変貴重なので、ぜひ続けていただきたいと思います。

お正月は当時一大行事でした。十二月二十八日に朝暗いうちからお餅つきをする。蒸し上がったもち米を石臼に入れ、はじめ「こづき」と言って軽くつく。半づきのお餅を大根おろしで頂く。つき立てのお餅は大変おいしいものです。お正月用の本づきのお餅を台所の女性達が小餅に丸めてゆく。温かく柔らかいお餅は気持ちよく、小さく丸まっていく。それをお盆に入れて、二階のむしろの敷いてある所まで運んで並べるのが、珠子達子供の役でありました。つぎつぎとつき上がるので忙しい時間でした。

お正月は新しい下着によそゆきの洋服を着て、早起きして二階からお座敷に降りる。お父さんが仏壇にローソクを点しお線香に火をつけ拝み、床の間の稲荷大明神と書いた掛軸に礼をしてから席に着く。お母さんも同じ様にして、お父さんに「新年おめでとうございます。旧年中は大変お世話になりました。今年もよろしく」と挨拶して席に着く。上の兄さん、次の兄さん、上の姉さん、次の姉さんと上から順番に同じ挨拶を繰り返して席に着きます。珠子は両親にあらたまって挨拶するのが恥ずかしかったので、小さな声で挨拶をして席に着きました。上の兄さんは京都市立第一商業学校を卒業して神戸の貿易会社に見習いに出ていました。次の兄さんは神戸高等商業学校在学中なのでいつもはいません。でもお正月には皆が揃ったので、珠子と弟は次の間の襖をはずして空間を広げたところに、座布団が敷かれていたので、そこに座りました。男は赤、女は黒のお椀や、数の子、たたきごぼう、黒豆を盛りつけた小皿を乗せた、内側が赤のお膳が一列に並んでいました。

皆が席に着くと、女中さんがお雑煮を運んでくれます。京都のお雑煮は、お椀に大きな頭芋が入り、焼いたお餅と大根、小芋の入った白みそのお雑煮でした。丁稚さん達が昨日がんばって削った鰹節をたっぷりかけて頂くお雑煮は本当においしかったです。

お雑煮で祝い始めると、分家の叔父、次に番頭さん、手代さん、丁稚さん、続いて女中さんも挨拶に来られます。お雑煮を頂きながら頭を下げ続けるのが習わしでした。

その頃、うす暗かった空が明るくなってくる。お餅は白餅、粟餅、うるう餅等お願いすると、そのお餅が入ったお椀が運ばれてきました。

お正月三ケ日しか頂けない白みそのお雑煮は、三日目になると今日でおしまいかと味わって頂くごちそうでした。

珠子の小学校時代（二） 2021.12

昭和一桁代の頃の我が家のお正月は、両親が飾り付けの終わった家の奥でこたつに入り、大晦日の疲れもあり、よそゆきの着物の上から常の着物を羽織り、こくりこくりとしておりました。昨夜はほとんど寝ていないのです。十一時頃までお料理をしておせち料理を作り、それから、いくら、オイルサーディンなどの近くに売っていない品を錦市場まで買いに行っていました。錦市場はまだほとんどのお店が開いていました。

家にお客様が来られると羽織っていた常の着物をさっと脱ぎ玄関に行き、用意してある大福茶《おおぶくちゃ》を出す。そしてまたこくりこくりと、こたつ入りです。

子供達は福笑いやすごろく等、商品が棚に片付けられて、がらんと広くなった店の中で遊んでいました。兄さんと姉さんは百人一首をしていました。小さかった珠子は大江山の札一枚だけに狙いを定め、後ろの方からただひたすらねらっていました。源平に分かれて試合をする時には小さい珠子は入れてもらえませんでした。

二月の節分は豆を焙烙《ほうらく》（塩・ゴマ・豆などを炒る浅い皿型の土器）で炒ったものを数え

年より一つ多く頂く風習でありました。豆まきはしていませんでした。

三月はお雛祭りが各ご家庭で行われ、五、六人のお友達に招かれました。段飾りの前でちらし寿司、しじみ汁、笹がれい等をいただきました。お寿司の中には珠子の苦手な椎茸が入っていて、珠子は家ではよけていたのですが、お友達のお宅では残せないので苦労して飲み込んでいました。

三月のお彼岸にはおはぎを作るか、もしくは今西軒から届けてもらっていました。今西軒のこし餡はとてもおいしかったです。

四月八日はお釈迦様のお誕生日で、五、六ミリ角に切られたお餅の干した物を焙烙で炒って少し砂糖醤油で味付けしたものを、お釈迦さんの「はなくそ」だと言ってお三時に頂いていました。

普段は茶だんすの中にピーナツや空豆のお煎餅が入っていて、勝手に頂いていました。ある時お餅を焼いて食べたいと珠子が言うと、お母さんが「お餅は匂いがするからお店の人皆に出すのなら焼いてもよい」と言ったので食べるのをあきらめました。

五月五日は大将さんの人形を飾りました。その中に神功皇后が鎧を付けておくるみにくるんだ赤ちゃんを抱いていられるのがありました。戦場で赤ちゃんが産まれたのでしょうか。五月は皆で柏餅を頂きました。

六月は三十日に「水無月」という和菓子を決まって頂きました。

七月の梅雨明けの頃、学校から帰ると家が様変わりしていました。建具は葦戸《よしど》に畳には網代《あじろ》、藤むしろが敷かれていて、すっかり涼しげに変わりしていました。また九月が終わる頃には障子と畳に戻り、暖かそうになります。日本家屋の変身ぶりは季節を感じさせてくれる素晴らしいものだと思います。

夏の盛りに衛生掃除という行事があり、学区単位で一斉に掃除が行われていました。家中の畳が道路に出され、かまぼこの板を畳の左右に挟み隙間を作って干すのです。二階の畳は屋根の形に二枚ずつ立て風が通る様にしておりました。お昼ごはんには土の見える土台の上で三々五々お煮しめとおにぎりを頂くのが、普段と違って珠子にはおいしく感じられました。午後になるとお店の人が口元を手拭で縛り、二人一組となって、丈夫な竹で一枚一枚台にのせて叩くのです。ほこりがもうもうと出る上に力もいる大変な作業を交代しながら行なっていました。すっかり畳が元の床におさまると、女中さんが雑巾がけをして終了です。皆がほっとする瞬間でした。

珠子の学校では四年生から男子のイ組と女子のロ組と、男女混合組のハ組に分かれました。終業式などは生徒と先生の他は、学務員さんという学校の功労者とか地域の有力者とか、男性ばかりが講堂の舞台の左に十人程席に着いておられました。一学年が終わると成績のよい人が五、六人名前を読み上げられ、その場で起立し、右総代が一人段上の校長先生より賞状を頂くのです。珠子はどういうわけか六年間総代でした。お父さんが珍しく「ずっと一番はなかなかできない事だよ」と褒めてくれました。国語の問題は一字間違えても九十八点なのですが、算術は応用問題が五問出る事がほとんどで一問、間違うと八十点になってしまう。そのため算術の得意だった珠子は得をしたのだと思います。

六年生の時に室戸台風がありました。近くの小学校の木造校舎が倒壊したと聞いて大変驚きました。

六年生の学芸会では演劇で神功皇后役になりました。強そうなイ組の男子達、十人程がひれ伏して下さり、珠子は少し戸惑いました。

六年の三学期には放課後受け持ちの先生が受験生に補習授業をして下さいました。そんな時でも先生方は生徒の下校時に校庭でワイシャツの後ろを風でふくらませながら、楽しそうにテニスをしておられました。当時の学校の先生は、今ほど忙しくはなかったように思われます。昭和十年三月、珠子は小学校を卒業しました。

商家の食卓　2022.1

昭和十年前後の珠子の家はお店の従業員や女中さんなどを含めると二十人程が一緒に暮らす大世帯でした。

御飯を炊くのは引き粉（木を切ったときに出る木屑）を使って直径一メートル程もある大きなお鍋でほこほことゆっくり炊くので、とてもおいしい御飯が炊き上がるのです。

下女中さんが全員分のお料理をしてくれていました。上女中さんは茶の間に二月堂という長方形で黒塗、縁に赤い線の入った折り畳み机を三つ縦横に並べて、お膳立てをしておりました。

毎月おついたちのお昼は小豆御飯におなます（酢の物）が小皿に大小盛って削り節をかけ添えてありました。

夜、すき焼きの時は台所からゴム管でガスを引きコンロで煮て頂きました。お父さんにはお酒が一本付いてきましたが、お父さんはおちょこ一杯で真っ赤になってしまうので、残りはお母さんが引き受けていました。お肉はお上のお肉といってご馳走でしたが、お父さんは歯が悪かったので食べにくく、柔らかいお麩やお豆腐の炊いたものを好んで頂いておりました。

お店の従業員には一人ずつお皿に生のお肉が入れてあり、野菜などの具材は自由に取れるように横に並べてありました。それを七輪で炊いて食べていました。番頭さん達が先に頂き、丁稚さん達は後に頂きます。

鰯の丸干しの時は一人五尾程お皿に入れてありました。女中さんが「孝吉とんは丸干しが好きやさかい、頭まで食べはる」と感心しておられました。珠子もその時初めて頭が食べられることを知り、驚きました。

天ぷらの時はお膳の中央に大皿に盛られた天ぷらが置かれ、次々と揚げたてが運ばれました。「お芋がいい」と言うとお芋が出てきました。野菜だけの精進揚げです。

コロッケはゆでたじゃが芋を大きなすり鉢に入れ、すりこぎで潰してミンチ肉と玉葱を炒めたものを入れてから大きめの小判型に整えるので、珠子も温かい材料を丸めるのを手伝う事ができました。コロッケは珠子の大好物で「今日もコロッケ、明日もコロッケ」と歌って炊事場を覗き仕上がるのをワクワクして待ちました。ある時ゆで上がったばかりのじゃが芋を女中さんが小皿に入れお砂糖をかけて渡してくれました。珠子は立ったままその場でフーフーしながら頂きました。初めて味わう甘くてあつあつホクホクのおいしさを今でも忘れません。おばあちゃんになった今でもじゃが芋がゆで上がると、お砂糖をかけてその場で頂くので娘に笑われます。

お大根の炊いたのはおいしい味でした。お母さんは「素が入れてあるから」と誇らしげでありましたが、出汁やお酒塩《さかしお》を工夫していたのだと思います。

他に切干大根とお揚げ、畑菜とお揚げ等よく炊いていました。葱と半ペン、センバ汁、この二つが珠子は苦手でした。お父さんは煮魚を好まず、お魚といえば鯛の塩焼きと鰆《さわら》の付け焼き、鱧《はも》の照り焼きで、これらは仕出し屋さんからとっていました。

お母さんは寺町錦上る西側にあったスター食堂の講習会に行って牡蠣のコキール、マカロニグラタン等ハイカラなものを作ってくれました。ガスコンロに四角い鉄のオーブンをのせて焼いていました。またバナナやリンゴの入った野菜サラダもよく作ってくれました。当時は市販のマヨネーズがなく、手作りだったので手間がかかったようです。

夏になると縁側に食卓を用意しました。冷蔵庫で冷やした、皮をむいたトマトがよく出たので最初に頂いていました。食器もギヤマン彫りやガラス食器などに変えたり、庭に打ち水がしてあったので、扇風機は使いませんでしたが涼しかったのです。冷蔵庫は氷屋さんが氷を入れにきていました。

お父さんは家族が揃った時など水炊きを食べに連れていってくれました。まずお父さんが家を出る。少し時間をおいて兄さん達が、次に姉さん達が、最後にお母さんと弟と珠子という順番で家を出るのでした。五条通は通らないで一筋北の万寿寺通を通りました。この様子をお茶釜屋さんの友達がお店番をしながら見ておられて、皆揃ってどこへ行かはったのかと思ったと後日聞きました。兄さん達は１８０㎝もの長身なので目立ってよく分かったようです。

家の前から車で出かける事は当時、考えられませんでした。ご近所に気兼ねしているのでしょう。

今思うと、ご近所の方と立ち話などをしているのを見かけた事がありません。ご挨拶をする程度の関係で、表向きは仲が良い様で、各家庭は孤立していた様に思われます。昭和十年頃の京都の街中の様子です。

＊女学校時代（一）　2022.2

昭和十年四月、珠子は京都府立第一高等女学校に入学しました。同じ小学校からは四人が入学しました。

三学年上の姉さんが入学した時はまだ旧校舎が残っていたそうですが、珠子の時は新校舎だけで、入学人数も二百人から二百五十人に増えていました。

入学して間もなく一年生全員の集会があり、地理の先生のご指名で珠子は講堂の壇上に立ち、日本の農産物の産地の説明をしました。初めての事だったので練習の時は叱られたりもし、泣きそうになりましたが何とか無事終えました。ただ馬鈴薯を「ばれいしょん」と言った時、講堂にドッと笑いが広がりました。珠子はなぜか「ばれいしょん」だと思っていました。

一年の水彩画でさつま芋を写生した時、良い色が出ていると安藤先生に褒めて頂きました。

商家では女子は勉強をしなくてもよいという考えがあり、予習復習等はしませんでした。

一年の成績表は小学校時代の校長先生に見て頂き、印を頂かなくてはならず、恥ずかしかったので覚えていますが、甲上はお習字だけで後は甲下と乙上が半々位でした。字は下手でしたがお手本を真似するのは上手であったようです。

二年ではメガネをかけなければならなくなりました。メガネをかけた女性はお嫁のもらい手がないという事で教室内だけかけるようにお母さんに言われました。教室の移動の時は行き交う上級性や下級生もぼやっとして顔が覚えられなくなりました。

商家は夜が遅いので、朝、珠子が学校へ行く時間は両親はまだ寝ていました。お布団の裾を踏まないようにそろりと寝室を通りぬけ、台所で食事をして急いで学校へ向かいました。よく遅刻しそうになり、荒神口から校門まで走るのですが、三学年上の姉さんはすべり込め、珠子だけが鐘が鳴り終わってから到着し、遅刻となってしまうのでした。校門には二人の先生が立っておられ、学年、組、名前を記録されてしまうのです。

実家では上の姉さんに縁談がありました。街の中心部でお商売をしていられる方でした。お父さんは気乗りではなかったのですが、先方が熱心で、先方の父親まで頼みに来られたので決まったようです。上の姉さんは美しく、『主婦の友』に実業家のご令嬢として載せて頂いたり、お茶会や鼓の会などが鳴滝で催された時などには参加したり、華やかな娘時代を過ごした人でした。また、活発な面もあり、海では鼻をつまんで一回転して飛び込んだりもしていました。ある時お母さんは銀狐、姉さんは白狐の襟巻をして颯爽《さっそう》と前をゆく二人を、下の姉さんと珠子が「いやらしいね」といってついていく事もありました。狐の襟巻には狐の顔もしっぽも付いているのです。

次に上の兄さんに縁談がありました。叔父の亡くなった奥さんの姪《めい》になる方でした。兄さんは気が進まず、その写真を見た下の兄さんが「僕、この人がいい」と言ったので、見合いの結果、その縁談は下の兄さんに決まりました。それでも結婚の順番は上の兄さんからと急いで縁談を進め、よい方が見つかりました。上の姉さんが二十才、上の兄さんは二十四才、下の兄さんが二十二才の時でした。こんなに急に話が決まったので、両親は大忙しででした。

上の兄さんの婚約者の方と初めてお会いしたのは、河原町三条の朝日会館最上階にあった「アラスカ」というレストランでした。フワフワのダチョウの襟巻をして兄さんと二人で入ってこられました。美しい人で驚きました。大きな輪になったテーブルに家族が全員席に着いているところに入ってくるのは、さぞかし勇気がいった事だろうと思います。

上の兄さんの結婚式は平安神宮で行われ、披露宴は都ホテルで行われました。正面の舞台では狂言大蔵流の茂山千五郎さん（先々代）が演じていられましたが、ガヤガヤとおしゃべりに熱心で見ても聞いてもいられない方が多く、珠子は茂山一家に申し訳なく思いました。

下の姉さんと珠子の二人は大丸の向いの「コマドリ」という洋服屋で、姉さんはサーモンピンク、珠子はピンクのロングドレスを仕立ててもらい、宴会に出席しました。お料理の後のデザートは、果物を盛ったものをボーイさんが上席から配って回るのです。バナナが人気で、珠子の所に回ってきた時はもうリンゴしかありませんでした。当時はホテルのレストランと言えども、りんごの皮は自分でむくのが主流で、あまり切れないナイフでりんごをむくのは大変でした。

普段は勉強しないので試験の時は一夜漬けでした。姉さんと夜通し勉強をするのでどうしても眠い時には「一時間たったら起こして」と姉さんが寝る。次は珠子が一時間眠るので教科書は丸暗記でした。翌朝の朝食は歯が浮いて食べられませんでした。

この様な勉強の仕方では良い成績が取れる訳もなく、中程位であったと思います。

女学校時代（二）　2022.3

珠子の女学校では、一、二、三年が赤いネクタイで、四、五年になると青いネクタイになりました。

赤いネクタイの時に、珠子の家では上の姉さん、上の兄さん、次の兄さんが相次いで結婚したため、三人の家庭に赤ちゃんができました。なのに、上の兄さんに召集令状が来てしまいました。上の兄さんは奥さんと赤ちゃんを残し中国へと出征することになりました。大勢の人々に見送られ、大きな声で元気に挨拶をしておりましたが、台の上の兄さんの足は小刻みに震えていました。大変な決心だったんだろうと思います。

学校でも普通の授業が減り、教室で国民服のボタン付けをしたり、梨木神社の周りの路の清掃など、勤労奉仕が増えていきました。

五年生の時、『若草物語』という外国の小説が人気でした。友達から借りる事になっていましたが、やっと珠子の順番が回ってきたと思った時、国語の先生が「あの様な小説は読んではいけません」と止められてしまいました。おそらく、敵国の小説だからでしょう。

また、髪も左右に分けてゴムで留め、その先の長さが短いとか、スカートは膝より何センチ程下までなど、厳しくなり、珠子はスカートも髪も短いと注意されました。当時はミニスカートが流行していたのです。

体育祭は植物園の南にある運動場を借りて行われました。上級生の集団体操は美しく揃っていて、珠子もやりたいと憧れていましたが、いざ「美しき青きドナウ」の曲に合わせると思ったより簡単に揃ったので、上手くできてよかったと思いました。

適応遠足という行事がありました。一班から五班まであり、自分に適した距離を選べるようになっていました。一班が一番長い距離で四十キロも歩くので、近江舞子や四条畷《なわて》、大阪に行く事もありました。珠子は一班に十回も参加しました。五回で銀色のバッジが貰え、十回行くと、そのバッジの中のなでしこの花が金色のものが貰えました。

当時高等科に居られた久邇宮様も一班に参加されておりました。四十キロを歩くと終わりの頃には意識がぼーっとして、ただ足を動かしているだけになりました。今でいうエンドルフィンが出た状態だと思います。私達は運動靴でしたが宮様のお付きの方は下駄に袴姿で風呂敷包みを大事そうに持って一緒に歩いていらっしゃったのには驚かされました。

珠子が女学校を卒業する頃、二才上の姉さんは、まだ縁談が決まっていなかったので、珠子から先に縁談が来てしまっては体裁が悪いという事になり、珠子は高等科へ進学する事になりました。高等科は花の高等科と呼ばれていて、華やかで本科生にとっての憧れでした。毎日クリーム色のネクタイを締め、珠子は颯爽と登校しました。

昭和十六年十二月八日朝礼の時に、校長先生より太平洋戦争が始まった事を知らされました。

夏の臨海学舎では、京都北部の浜詰で食糧増産のため、高等科全員が畑仕事をする事になりました。モンペ姿で鍬《くわ》を持ち、薩摩芋や麦を育てました。日本海の間近の丘での合宿でした。時には焚火をして「けむり、けむり、向こうへ行け。ここはたぬきおーらんど」と先生のふるさとの歌を歌ったり、炊事当番をしたりと楽しい思い出ばかりです。秋には参加者全員に薩摩芋が分けられ、大小五個程のお芋を持ち帰りました。

学校では上着の袖を二本の棒に通して担架を作る練習をしたり、包帯を手や足に巻く練習、救急の講習も受けました。本土決戦の時にお役に立つためだという事でした。講習を終えると看護婦の資格がもらえました。

授業でも数学の先生が「貴女達は早く結婚して、お国のためにたくさん子供を産んで下さい」と言っていました。今の時代なら反発もあるでしょうが、当時は何とも思わずそういうものなんだと思っていました。

また、漢文の先生が「恕《じょ》」というのは人間として最高の徳を表す字であると教えて下さいました。珠子は「恕《じょ》」、ゆるす、人の立場になって考える人になりたいと思いました。先生の教えは珠子にとっての生涯における「座右の銘」となりました。

美術史の授業があり、博物館、美術館、京都、奈良、滋賀のお寺の仏像の見学も授業以外で参加できました。珠子が一番美しいと思ったのは、奈良・興福寺の阿修羅像と、中国南宋の画家、牧谿《もっけい》の、柿が五個程並んでいる墨絵でした。徳岡神泉、榊原紫峰《さかきばらしほう》、竹内栖鳳《たけうちせいほう》も好きでした。

学校の下校時に空襲警報がよく鳴るようになりました。帰り道に立ち寄る、お花とお茶のお稽古も、お花だけを頂いて帰る事が多くなりました。その頃、学校から五条までの約五キロは、歩かねばならない距離でした。昔の人は皆、沢山歩いたものです。

昭和十七年三月、珠子は七年間通った女学校を卒業しました。

高等科追記　2022.4

珠子はすっかりおばあちゃんになり、あと一ケ月程で百才になろうとしています。二〇二一年四月よりＮＨＫ文化センター京都教室の「やさしい文章教室」に月一回参加させて頂いています。ずいぶん思案しましたが、思い切って入会させていただきました。今まで漠然としていた記憶が、書くことにより鮮明に、そして芋づる式にいろいろの事が思い出されてきます。とても有難い事であるとつくづく思います。

特に女学校の記憶は遠く消えかかっているように思えましたし、一回につき原稿用紙四枚分、千六百字に書ける内容などないと思っておりました。しかし、いざ書きだすと次々に頭に浮かび女学校時代で二回分も書きました。まだ書きたい事があるので少し続きを書かせて頂く事にしました。

昭和十五年四月より珠子は高等科に進学していました。先輩たちの修学旅行は外国でした。台湾・朝鮮は当時日本でしたので、中国やフィリピンに行かれたと聞いています。珠子の時は戦時中でしたので、伊勢神宮でした。

食糧増産のため、京都府北部の臨海学舎で合宿して畑仕事をした時の話ですが、勉強は何もせず、朝礼で国旗掲揚をした後、鍬を持って畝《うね》を作りさつま芋の苗を植えたりしました。全員で四十名程の生活でお食事も一緒でした。浜詰の海の丘での生活はとても楽しいもので、当時の清々しい空気までもが蘇ってきました。ふとアルバムがあった事を思い出し、久しぶりに開いて見ていると、珠子の次女が「こんなに写真を撮って、まるで遊んでいるみたいやなあ」と言いました。今思うと、先生方は戦時中なので食糧増産という名目で浜詰へ行かせて下さったのかもしれません。そう思うと収穫はあまりなかったような。

次に浜詰へ行く汽車が山陰線の丹後由良駅を通過した時の事です。懐かしさのあまり、急に胸が詰まり、お友達のおしゃべりに返事ができなくなりました。何とも言えない気持ちでした。

珠子は幼い時より毎年夏休みが始まる日からお盆近くまで避暑に来ていたので、丹後由良は珠子にとっての第二の郷里でした。仕事が休みの日などに時々来るお父さんを迎えに行った時に待っていた駅の柵は昔のままでした。宿の老夫婦が塩だけで味付けしたこしあんのぼた餅を沢山作って迎えて下さった事。広い砂浜が熱く、ゴム草履を履いていても火傷しそうで、急いで波打ち際まで走った事。また、水着の肩紐に炒った空豆の入った袋を付け、泳いでいる間に柔らかくなったのを冷えた体を暖かい砂浜で腹ばいになって温めながら頂いた事。潮風に吹かれての夜の散歩が好きで、白砂を背に寝ころび満天の星を眺めていると「この地球に我一人なり」と神秘の世界に浸って、いつまでもこのままでいたいと思った事など、次々と思い出しました。

京都以外で暮らした事のない珠子にとって、丹後由良は郷里への思いの一端を味わわせてくれた貴重な存在でした。

昭和十七年四月、卒業する時、戦局は厳しくなっていたので、どこかに就職しなければならなくなりました。高等科を卒業すると小学校の先生の資格が頂けたので四、五人は先生になられ、銀行とか会社に本当に勤められた方もいました。珠子はお父さんの関係している会社に就職した事にしてもらい、卒業の許可をいただきました。

卒業すると地区の女子青年団に入る事になり、伏見の大久保にある軍隊の師団の作業場で大砲の玉の鉄の錆をサンドペーパーで落とす作業をしました。にわか作りの様な宿舎で五人程部屋に入り、知らない人ばかり一緒に休憩した事は覚えていますが、そのほかはあまり覚えていません。

まもなく珠子に縁談があり、写真が来ました。お母さんは珠子がもう少し家にいたほうがよいという考えで、つい返事が延び延びになってしまっていました。町内の有力者でお父さんと親しい方が返事を聞きに来られました。お店の横にできた応接間で珠子は「どうですか？」と聞かれました。珠子は「写真だけではわかりません」と答えたので、急遽お見合いをする事になりました。

桃の丘　日本海へ続きけり

浜詰の近くの日本海の見える所で、桃の咲いている頃に行き詠んだ句

珠子の時代の結婚準備　2022.5

珠子のお見合い相手は、上の兄さんの奥さんのいとこで、お家の事はよく知っている所の五男である吉川研三さんでした。以前お茶のお稽古をしていたお寺へ知らないご婦人が同席され、一緒に並んでお茶を頂きました。その時のご婦人が先方の母親である事を後から知らされました。きっと珠子の下見をしに来ていたのでしょう。

研三さんとは　京都から大津へ行く中程の追分の料亭「八新」で会う事になりました。お食事が終わり、二人で庭を散歩する事になった時、珠子はどのような方か知りたくて趣味や考え方等次々と尋ねました。後日、研三さんは「まるで入社試験のようだった」と言っていました。

研三さんはいつ召集令状が来るかわからない時期に結婚は考えられないと思っていたようでしたが、ご両親が高齢なので押し切られたそうです。

珠子は一度会っただけではどのような人かわからないので、もっと会ってから結婚を決めたいと思っていたのですが、その後一度もお誘いはありませんでした。

後日聞いた話では「結納が納まるまで会ってはいけない」と言われていたとの事。珠子は結納の後でも嫌なら断ればいいと思っていました。

結納後何度か会いましたが、お寺や奈良公園など、珠子の行きたい郊外でお会いしたことが多かったので、何とか合いそうに思えました。今思うとロマンもあでやかさもないお見合いで、自身の性質が地味なのか、軍事教育のためなのか考えさせられます。

交際中、研三さんが結核で吐血をした事があると聞きました。お母さんはお見合いを断るよう、珠子を説得しましたが、珠子は「そのような方なら私が看病をして差し上げます」と言いました。

そんな事もあり、早々と結婚の日取りを言ってこられました。珠子は少しでも長く実家に居たいと、その中で一番遅い十二月に決めました。

さあ大変だ。その日までに嫁入り道具をあつらえなくてはなりません。当時は着物を買うのに政府の発行する切符が必要でした。一軒に頂く点数は少なかったため、不要な方から譲り受けて、どんどん着物を買いました。高島屋の百選会という催しに、お母さんと兄さんのお嫁さんと珠子で案内のカタログに出ている着物等を沢山買いました。それでも足りず、珠子と女中さんで烏丸高辻にあった高島屋の本社に行き、反物を五、六反買ったりもしました。

「贅沢は敵だ」という時代でした。総桐の箪笥は製造禁止になってしまったため、困っていると、吉川家から総桐の箪笥が残っている家具屋を紹介されたので、その箪笥にしました。二年前に姉さんが旧家に嫁いだ時の宮崎家具の箪笥とはずいぶん差のある品でしたが、「先方がよいと言われるのなら」とお父さんが決めました。

お父さんは姉さんと二歳年下の珠子のために、上等の品がなくならないうちにと、桜木という人形師の市松人形を用意してくれました。この人形は日本刺繍のほどこされた着物を着ており、吉川家の男紋と今中家の女紋を付けておりました。掛軸は小西福年さんの立ち雛の図と燭台、お神酒入れの三方等セットの雛飾りになっていました。また、名古屋製陶の金ぶちのコーヒーセットには径三十センチの大きなケーキ皿がついていました。徳力彦之助氏作の金唐革《きんからかわ》の帯等や、お茶道具一式に棚までもが裏千家の書付のある品で揃えられていました。

箪笥《たんす》には新しい着物、帯が入れられ、一度でも手を通した物は柳行李（柳で作られた着物を入れる籠）に入れられました。

花嫁衣装は白無垢でした。その頃はまだ着物の既製品が少なかったため、替衣装の振袖は別誂えで一から染める事ができました。色留袖の袷《あわせ》は紫地に誰が袖模様、単衣は濃い青に白鷺が大きく染められ、薄物は空色地の秋草旅笠模様でした。替衣装はピンク地に薬玉が染められていました。他にも結城紬、大島紬、薩摩絣《かすり》（薄物）も揃えてくれました。帯は綴れ帯、龍村の袋帯、他には緞子《どんす》の客用布団、常布団、夏布団、夏冬の座布団、蚊帳、婿殿の寝巻までもが用意されるのでした。物のない時代の少し前の穏やかな嫁入り支度だったように思えます。

お荷物ができると「荷飾り」という習慣があり、お母さんのお友達等が見に来られました。

後日、終戦後の食糧難のとき、空襲で焼けた大阪へ行商に行っておられたご近所の方が、珠子の着物をどんどん売って下さいました。珠子の着物は着る機会もなく新品で、しつけがしたままだったので売りやすいと言っておられました。

珠子の着物が髙島屋本店で売られている事を知った義姉が、珠子が生活に困窮してはいないかと心配し、吉川の両親が知る事になりました。が、珠子にとっては特に興味もなかった着物でしたので、高く売れた事がとても嬉しく、戦後の食糧難の時代でしたので、ずいぶん助けられたものでした。

珠子の結婚　2022.6

昭和十七年十二月、結婚当日の三日ほど前に荷物は東三本木の吉川家に届き、荷飾りをして親類の親しい方々にお披露目がされました。

当日は初雪の降る寒い日でした。兄さんや姉さんと同じ、平安神宮での挙式、都ホテルでの披露宴となりました。しかし物資不足の折から、お酒やお米は持参しなければならず、暖房も無く、吉川家の叔母達は三人とも風邪をひき、寝込まれたとの事でした。

当時の花嫁は下を向いてお食事もあまりせず、静かにしているのが常識でしたが、珠子は自分の披露宴にどんな方が来て下さっているのかを見ておきたいと思い、顔をあげてきょろきょろしていたので、後日お母さんに注意されました。

女学校の校長先生がスピーチで、四〇キロ歩く適応遠足に十回も参加した事を褒めて下さいましたが、スピーチの内容がそれだけでしたので、あまり目立たない生徒だったようです。

宴が終わり、東三本木の吉川家に着きました。二階に二人の住まいが用意されていました。

祇園花街の熟年の方が床杯《とこさかづき》の儀式をして下さいました。その時に「紙もっといやすか？（紙を持っていますか？）」とささやかれたので、珠子はまた昆布とするめが出るのだと思い、懐紙を手に席に着きましたが、お酒しか出ませんでした。結婚の本当の意味をまだ知らない珠子は、夫となる人に近づかれるのさえ嫌がったので、何事も起こりませんでした。

翌日二人は地味なグレーのオーバー姿で新婚旅行に発ちました。二人の姉さんの時は箱根の富士屋ホテル、静岡の川奈ホテルが当時の新婚旅行のおきまりコースでしたが、珠子の時は時節柄、比較的近場の南紀白浜になりました。以前、研三さんが泊まった事がある老舗の旅館でした。物の少ない時代でしたので、まぐろの刺身は厚切りではなく薄切りでしたが、それでもご馳走でした。就寝中に突然巡査さんとほか三、四人が部屋にずかずかと入ってこられ、「天皇陛下が広島に来ていられるので点検します」と言われました。研三さんが重ねるように敷かれていた布団を、寝られないからと離して寝ていたのでよかったのですが、何事かとどきどきしていました。すると珠子に「貴女は誰ですか」と質問されました。とっさに頭に浮かんだのは○○夫人という言葉だったので「夫人です」と答えると、じろじろそのあたりを見回して出ていかれました。何と失礼な行為なのでしょう。

新婚の人への単なる嫌がらせのようにしか思えませんでした。

翌日は奇岩の多い鬼ヶ島を散策しました。当時は非常時でしたので、若い男女が歩いているだけで、子供達が「パーマネントに火がついて」とひやかすのでした。

旅行が無事終わり吉川の家に戻りました。次の日は親類回りをしました。最後に上の義兄さんの家へ行きました。応接間に通され歓迎されたのですが、三十センチ程のライオンのおもちゃを息子さんが持ってこられ、ねじを回されました。ライオンはじりじりと後ずさりをしてから急に珠子に飛びかかってきました。その時疲れていたからでしょうか、「ギャー！」と大きな声をあげて逃げてしまいました。本物そっくりのライオンのおもちゃでした。

親類への挨拶回りも無事に終わり、日常生活が始まりました。珠子に付いてきた実家の女中さんは、一階に居ると二階へ行って珠子達の世話をするように言われ、二階へ行くと新婚の二人がだんまり机をはさんで座っているので部屋に入ることもできず、階段の端に座ってやり過ごしたと言っていました。

ある日、町内で防空演習がありました。バケツリレーのために並んでいると、ご近所の子供達が防空頭巾の顔を一人ずつ覗きこんで「ここにお嫁さんいはる」と大きな声で言いました。こちらに来て間もないのに私の顔を知っているのかと驚きました。

また、町内の国防婦人会の方が「出征なさる兵隊さんが町内に泊まっておられるので、小麦粉を一合集めています」と言ってこられました。珠子はすぐに一合お渡ししました。すると吉川の舅が「この食糧の乏しい時に出さなくてもよいのに」と言いました。軍国教育された珠子は舅の言葉が理解できませんでした。

その頃お国からダイヤモンドを供出するようにと言われました。珠子の実家は宝石商だったため、結婚指輪には上等な品を結納に持たせてくれていました。舅はその指輪を供出しないでほしかったらしく、「本当に出すのか」と何度も聞かれました。しかし、軍国教育を受けている珠子は、お国のためになるのなら何の惜しい事があろうものかと思い、あっさり供出してしまうのでした。

今となっては舅に申し訳ない事をしたと思っています。

新生活　2022.7

京都市上京区東三本木での新しい生活が始まりました。舅、姑と夫の研三さんと、女中さん、門番さんの親子三人の生活の中に珠子が入ったので、皆で八人の生活になりました。

朝台所から鉄瓶に水を入れ、それを火鉢にかけるため下の奥座敷に替わった珠子の部屋に運んでいました。すると姑（マキ）に呼び止められて、振り返って見ると美しい白木の廊下に水をこぼした跡が点々と付いていました。何という事をしてしまったのかと自分でもあきれました。鉄瓶の口から水をこぼしながら運んでいたようです。廊下のしみはなかなか取れませんでした。

舅はお酒が好きで、寝る前に飲むお酒のお酌は珠子の役目でした。お徳利一本飲んでから、いつも二本の指で四センチ程を示し「袴までたのむ」と追加のお酒をたのみ、あてもないのにおいしそうに飲んでいました。

また、三時になると「珠子、バナナ糖どこにある？」と茶の間に来られました。押入れの棚にあるのを覚えないでいつも尋ねるのです。研三さんの姉の辻井家ではバナナ糖というサラサラした少し茶色がかったお砂糖が手に入り、送ってくれていました。これは貴重な物なので鍵のかかるスチールケースにしまってあり、茶の間には小さなガラス瓶に入っていて、上を向いてスプーンでサラッと口に入れるのが楽しみな様でした。

舅はお風呂焚が好きで、珠子が入っている時も「湯加減どうや？」と焚口から聞いてくれます。珠子ははじめ恐縮していましたが、そのうちに慣れてきました。

舅は火をおこすのが好きなようで、いつも炭小屋から炭を運び、火鉢の火をおこしていました。すると姑がやってきて、灰をかけて火力を弱める。両親で温度の好みが違うのでしょう、これを繰り返して温度を調節するのでした。

舅は「なあ、おマキ」と姑に話しかける事が多く、大工さんや庭師さんが「今日は何回言った」と数えて面白がっていました。

珠子は両親の所に居ることが多いので、研三さんは「あんた誰と結婚したんや」と言っていました。大正ロマンの時代に育った研三さんと、戦時教育で教育勅語の「親孝行」を第一と教えられた珠子と考え方が違っているようでした。

昭和十八年五月、吉川の両親は舅七十才、姑六十六才で金婚式を迎えました。研三さんの兄さん方の三家族と、嫁いだ姉さん方二家族、姑の弟さんと舅の実家の方、二十六人が集まりました。二階の広間が会場になり、お料理は北隣の大和屋料理旅館から届けられました。

珠子は妊娠三ケ月になっていましたので、義姉達が「あまり働かなくてよいよ」と気遣ってくれました。

研三さんは「金婚式」という曲をバイオリンで演奏し、喝采を受けました。本当に上手だったと思います。

舅は三条河原町の紙問屋の次男で第三高等学校を卒業後結婚、姻戚の関係の家で両家とも名字が吉川でした。

姑は京都電灯の創立に関わり社長もした家の四人姉妹の長女でした。姑が三男を産んだ年に姑の母親に男の子が誕生して、男の子が大きくなって家を継いだので、姑の家は分家となりました。

三本木の家の台所を出た所に里芋が育っていて、夕方水やりをしなくてはなりませんでした。食べ物がなく、お腹が空いて働きづらい時でも、研三さんは「力仕事をするとバイオリンが弾けなくなる。」と言って手伝ってくれませんでした。

ある日、矢吹の姉さんが「妊婦にはお米の配給が少し多いのに、同量に分けてはいけない」と言いに来ました。それから姑は珠子に小皿に入れたごはんを添えてくれるようになりました。珠子は何だか申し訳ないと思いつつ、遠慮しながら頂きました。

それから食料はますます入手し難くなっていきました。ガスもあまり使えなくなっていたので、寒い部屋で冷たいお大根のすまし汁を「せめて温かければおいしいのに」と思いながら頂きました。

お和さんという女中さんが滋賀県の安曇川から帰ってこられて、お里でお餅をついてもらったと、お腹に巻いて持ってきてくれました。警察にも見つからず、まだ柔らかく横皺の付いたお餅は久々に頂くご馳走でした。そんなお和さんもお里で勤労奉仕をしなくてはならなくなり、帰らなくてはならなくなりました。珠子は姑にお料理をするように言われました。さて何をしたらよいかと、お料理の本のページを繰ったのですが、どれもむずかしそうで材料もないので、迷いに迷って選んだのが、玉葱の酢味噌和えでした。玉葱が嫌いな珠子は味も覚えていないのですが、たぶんおいしくなかったと思います。

また、別の日、流しに置いてあるかぶを煮るように言われたのですが、丸大根と並んでいて、どちらがかぶかわからず、葉が付いてないのにわかるわけがないと思った事がありました。
お料理も家事も実家にいた時にしなかったので、何の役にも立たない嫁でした。

昭和十八年、戦争初期の暮らし　2022.8

研三さんは大学卒業後、日本電機計器という電気のメーターを作る会社（後に島津製作所伏見工場）に就職していましたが、いずれ舅の経営する会社に入る予定でした。

研三さんは時々会社の帰りに近くの農家さんから人参や九条ねぎを分けていただき、布のカバンにぎっしり詰めて帰ってきてくれました。また、ある時は会社でお団子が配られたと、黒い平べったいものを大事そうに持って帰って来て、珠子にくれました。お芋の味がしてとてもおいしかったです。そんなものでも食べ物のない時代ではささやかな喜びとなりました。

以前、敷地内に住んでおられた門番の方は、上品な年配の方で、夕方になると、庭木に水をやるのがお仕事でホースを上に向けてじっと立って動かず、一本一本丁寧に水をやっていらっしゃるので、辛抱強い人だと感心しておりました。しかし珠子に赤ちゃんができたので、「おむつ洗い等手伝える人がよいので、代わってもらったえ」と姑から聞かされました。

次に来られた方は、十代の頃に女中奉公に来ていた方で、今は母子家庭になられた親子三人でした。その小学校三年位の女の子が街で行列に並びうどん玉を手に入れ、妊婦の珠子のためにそっと持ってきてくれました。貴重な貴重な食料です。少量で皆に分けられないので、台所でお料理をする訳にもいかず、思案の末、お砂糖の無い黄な粉があったので、それをまぶして頂きました。麺が硬く、残念ながらおいしくはなかったです。

研三さんは夏の休日に野尻湖への旅行を決めました。姑は流産に気をつけるよう、注意してくれました。乗車時間が長いのでドーナツ形のゴムの座布団を用意しました。

野尻湖は対岸に黒姫山の美しい姿が見える静かな湖で、建物も屋根が茅葺でよい雰囲気でした。しかしお部屋が玄関の上の屋根裏部屋で、何かいるのか痒くて眠れませんでした。それでも気の晴れるすばらしい旅でした。

研三さんはピアノが弾ける人と結婚したかったらしく、珠子が嫁いですぐにピアノのお稽古を薦めたので、三条辺の先生のお宅へ通いました。やっと「ソナチネ」を始めた頃、妊娠八ケ月になり、目立ってきたのでやめました。

この頃、家には電気冷蔵庫はありましたが、洗濯機はありませんでした。大きなお腹をして、たらいにかがみ込み、洗濯をしている写真があります。割烹着を着てモンペをはき、頭には手拭をかぶり、寒空の中がんばって洗濯をしている写真です。

お正月が過ぎてから、珠子は五条の実家へお産のため、里帰りをしました。予定日より三日遅れた一月末に無事女の子が誕生しました。動物園の南側の疎水に面した、中川病院でお世話になりました。

お産のお見舞いには、当時貴重だった卵が大事そうにもみ殻に包まれ、贈られました。珠子は病院から家に帰り間もなく乳腺炎になり、高熱が出ました。お乳の出が悪く乳頭に傷ができ、授乳のたびに痛く辛い思いをしました。指圧の治療所へ行き血行を良くしてもらいましたが治らず、温めるとよいと聞いたので、カイロをタオルで巻いて胸にあてていました。すると低温火傷になってしまい、大変なことになりました。

その頃、研三さんは以前結核を患った時の先生に結核が再発したような診断をお願いし、会社を休職していました。その時に前からしたかった工学の勉強をするため、朝、定時に庭のお茶室へ行き、昼には食事に帰り、またお茶室にこもり、勉強をしていました。

また、舅と話し合ったのか、会社を辞めてしまい、舅の会社である淀川製紙の販売会社を作り、そこの社長になりました。紙に詳しい大番頭さんと一緒に仕事を始めたそうです。

島津製作所の同僚が五、六人家に来られ、送別会をして下さいました。三条河原町の高級品を売っているお店で買った、大きな花瓶を記念に下さいました。黒のセンスのよいもので今も大事に使っています。

珠子は育児に夢中で、研三さんがいつ島津を辞め、丸平紙業を始めたのか、島津を休職したのはいつなのかを詳しく覚えていませんが、たぶん十九年秋の出来事の様に思います。

今となっては尋ねられる人が誰もいないのが残念です。

そば菜

分家　2022.9

昭和十九年一月末、第一子誕生。珠子はお母さんになりました。はじめ公子と決めていた名前を、赤ちゃんの目尻が上がっていたので「やさしい名前をつけてあげたい」と思い、急遽、一子（かずこ）に変えました。

一子は舅姑の大切な末っ子である研三さんの第一子として、特に可愛がられ順調に育ちました。

夏には女中さんのお里の安曇川を訪ねました。大きな広い土間を通りぬけて裏庭へ出ると、そこにはまだ食料があるらしく、ニワトリが五、六羽、茹でたての湯気のあがった大きなじゃが芋をつついていました。珠子は「おいしそう。うらやましい。」と思いました。泊まったのは民宿の様な所で、その家の裏が琵琶湖でした。泳いだり、船で沖まで出たりと、楽しい旅になりました。

昭和二十年三月、研三さんは「分家したい」と両親に言いました。姑は「頭を殴られた様な衝撃を受けた」と言っていたそうです。戦況は急に悪くなり、いつ空襲があるかわからない状態の時でした。舅は分家をすれば、どちらかの家が空襲でやられた時に、また一緒に住めばよいと思ったようで、舅が大正十二年の関東大震災の時に避難用に建てた嵐山の家と、約１００ｍ程北にある千坪の土地を譲り受け、分家する事になりました。当時嵐山の家を借りていた方々、轟夕起子さんなどの映画スターは戦況悪化のため、郷里へ帰られたと聞いています。

その頃の戸籍は舅姑も研三さんも長兄の戸籍に入っていたので、珠子も長兄の戸籍に入っておりました。分家する事ではじめて独立した戸籍になるのでした。

姑は研三さんの分家の時のために、当時ではとても手に入らない鍋や包丁等の台所用品をいろいろ用意してくれていました。蔵の中で次々渡された時、有難くて泣いてしまいました。

姑は家事のできない珠子に「貴女は一人女中ではとてもやっていけない。二人はいるでしょう」と言いました。

昭和二十年三月三日、研三さん一家の家財道具一式をトラックに積み、嵐山の家へ移転しました。今日空襲があったらどうなってしまうだろうと心配しましたが、無事嵐山の家に着くことができました。

その十日後、大阪に大空襲がありました。渡月橋から釈迦堂への家の前の道は、大阪からの避難の荷車が列をなして通っていました。

いよいよ家事の不得手な珠子と、一才二ヶ月の一子と研三さん、三人の生活が始まりました。

ある時、研三さんが「あんた嫁ぐ前は何してたん?」と尋ねてきました。珠子は振り返って考えてみましたが、何も浮かばなかったので「着物を買っていました」と答えました。

先ず食料の確保が肝心です。肩から掛ける大きな布のカバンを作り、一子を抱いて農家を回りました。かぼちゃやじゃが芋を分けてもらいたかったのですが、それは難しく、じゃが芋が干してあっても、種芋との事。珠子の苦手な玉葱だけを分けていただく事となり、両肩にずっしり重い袋をかけ、一子を抱いて家路につきました。

また、ある時、畑で作業しておられる方に声をかけると、「そこにあるゆすら梅をとってもいいよ」と言われ、少し頂いたのですが、赤ちゃんを抱いていてはなかなか沢山は取れるものでもありませんでした。

お米の配給はとても足りず、豆粕(豆から油を取った残り)を御飯に入れたり、大根を細かくきざんで炊いたりしました。それでもお米がない時は菜っ葉だけの時もありました。

以前、吉川に女中さんをしてた方が、近郊でお百姓をされていたので、そのご夫婦に来ていただき、蔵の横の畑を耕していただいたり、門から玄関までの石畳の両側に葱を植え、松の木の根元にはかぼちゃを植えていただいたりしました。

このかぼちゃがやっと実り、食べられる様になった頃、いつの間にか盗まれてしまっていました。嵐山の家は生垣で、どこからでも侵入できてしまったのでした。

ある日、門番の家に下宿しておられた女子学生が土間の台所で一升瓶を逆さにして立っておられるのが見えました。何をしているのかと尋ねると「もう一滴油が出ないかと待っている」との事でした。お互い苦笑しました。その方は宇都宮へ帰って行かれました。

空襲警報が度々鳴るようになり、防空壕へすぐに入れるようにと、服のまま寝るようになりました。靴もそばにおいていました。

終戦が間近な頃の事です。

終戦　2022.10

嵐山へ移転して五ヶ月余り、昭和二十年八月十五日、玉音放送（天皇の肉声の放送）がありました。ラジオの前でご近所の方も来られ聞いていていました。雑音がガーガー入ったのですが「忍び難きを忍び」というお言葉は聞きとれました。

暑い日でした。一生懸命がんばったのですが負けてしまったのです。しかし空襲でおびえる事もなくなると思うとほっとしました。「悔しい」とも「悲しい」とも思いませんでした。町内から「進駐軍が日本にやって来るので女子は必ずもんぺを着用するように」と言ってこられました。どの様な生活になるのかと不安に思えました。

終戦後、いろいろ悲しい知らせが入りました。研三さんの長兄の長男徳太郎氏が南方にて玉砕（名誉の戦死）。研三さんと三才違いで一緒に育った方で同志社大学在学中に学徒動員で出征、お気の毒で悲しい。また、研三さんの次兄の長男も同志社大学に入って間もなく学徒動員で北支に行かれ、シベリアに連れて行かれ戦病死。本当に痛々しい事でした。

舅、元三郎の大阪の製紙会社も軍の要請で風船爆弾を作っていたのですが、爆撃を受け焼失。

こうして、研三さんの販売会社も解散となり、失業したのでした。

戦後になっても食料は相変わらず不足していたので、分家した時に父よりいただいた、少し北にある土地でお百姓を始めました。この土地は山陰線の北側なので、戦時中列車の避難場所として国鉄が使っていたため、国鉄と交渉して返還していただき、さつま芋畑を作りました。

我が家の南隣に大きなお屋敷があり、お年寄りが一人女中さんと爺やさんと住んでいらっしゃったのですが、岡崎の本宅へ帰られ、爺やさんが仕事を探しておられたので、畑を手伝ってもらう事にしました。

爺やさんは上品な礼儀正しい人で、いろいろ手伝ってもらい、随分助かりました。お隣といっても入口は離れていて高い塀で何も見えなかったのですが、一子の声をいつも聞いていらっしゃったので、初めて会った時は「こんな小さいお子でしたか」と驚かれていました。一子は一才半位でしっかりおしゃべりが出来る子でした。

畑には農具小屋を建て鍬等揃え、休憩する場所もありました。また、家には鶏小屋を作り、床を引出しの様にして鶏糞が掃除しやすいようになっていました。研三さんは畑仕事に精を出し、珠子も一所懸命に手伝いました。お芋の苗を植える際、明日は雨だという日には暗くなるまで働き、親子三人で家路につきました。

お陰で秋にはさつま芋が沢山収穫できました。研三さんはリヤカーで両親をはじめ、親戚や珠子のお友達にまで届けてくれ、大変喜ばれました。

終戦後緊張の生活から解放された日本人はホッとしたのか、社交ダンスが流行しました。珠子も近所のお店の二階に集まって練習に参加した事がありました。研三さんは学生時代にした事があるらしく、近くのダンスホールへ行こうと珠子を誘いました。あまり気が進まなかったのですが、行く事にしました。

爺やさんに一子を預けて家を出ようとすると、玄関で一子が「泣かんとこ思っても泣けてくる」と泣きながら言うので、珠子はどうしても行く気になれずに引き返しました。また、二度目にダンスホールに行く時、嵐電に乗ってから一子の事が気になり、ふと口にすると、研三さんは「気になるなら帰れ」と言いましたが、電車が動いていたので帰れませんでした。

京都が空襲で焼けなかったのは有難い事でした。しかし治安は相当悪くなり、我が家にも泥棒が入りました。座敷の網戸をはずし、シンガーミシンを藤川洋裁の先生に作って頂いた黒のシフォンベルベットの服に包んで持っていったのです。我々は朝まで気付きませんでした。

後日泥棒は警察につかまりましたが、品物は返ってきませんでした。大阪から終電車で嵐山に来て、早朝の電車で帰ったと警察から聞きました。

この間まで珠子も住んでいた舅、姑の家にも何人組かが鴨川の河原から入り、衣類等持ち去ったと聞いています。朝、住み込みの軽野さんが家中荒らされているのに驚き、両親を起こしたとの事です。日本中が戦争で心まで荒んでいたように思えます。

戦後の生活　2022.11

戦後の生活は相変わらず厳しいものでした。しかし食べ物屋さんだけは繁盛していましたので、珠子も何とか収入を得たいと考え、茶店を開く事にしました。幸い畑の土地は以前大きなお屋敷で周りに桜の木が植えられていて、大通りに面していました。満開の桜の下に床几《しょうぎ》（折りたたみの木の長椅子）を置き、赤い毛氈《もうせん》を敷けば茶店らしくなると考えました。研三さんも賛成してくれて、ベージュの太い線の入ったシンプルなコーヒー茶碗を十客とエバミルクの缶を大丸で買ってきてくれました。竹に「お抹茶」「みつ豆」「ミルクティ」「芋ぜんざい」と書いた布を付け生垣に立てました。

吉川のお手伝いの軽野さんが毛氈持参で来てくれました。農具小屋で七輪を使い、お湯を沸かし紅茶やお薄を立てたり、爺やさんと二人で茶店の給仕をしてくれました。

珠子は裏方で、フライパンでお饅頭の皮を作りあんを入れたり、みつ豆の寒天を作ったり大忙しでした。みつ豆の果物が足りなくて、近所の八百屋まで走って買いに行った事もありました。

お花見時の十日間程したように思います。お客様はポツポツで、様子を見ていられた向かいのお風呂屋さんの御主人が「あれでは儲からないだろう」と言っておられたそうです。実際、爺やさんと軽野さんに僅かなお礼をしただけで、我が家の収入はコーヒー茶碗十客でした。ご近所に宣伝のため食券を配ったのも収入減の原因かもしれません。

この頃外地からの引き揚げが始まり、我が家にも小学校、女学校でご一緒した仲のよい友達が訪ねて来られました。赤ちゃんを抱いて青白い顔でやっと立っていられるような姿でした。その姿に珠子はショックを受けました。南満洲鉄道にお勤めの方と結婚なさったが、母子だけで引き揚げてこられたとの事、大変な目に遭われた事が一目でわかるさまでした。家にも上がって下さらず不要の食器をお渡ししただけで、何も出来なかった事があとあとまで気がかりで仕方ありませんでしたが、東京女子大を出ておられたので中学の先生をされ、美しい二人のお嬢さんを立派にお育てになられたとの事で、ホッとしました。

昭和二十一年九月、次女誕生。満九ケ月の早産でした。夏の暑さでつい薄着をしたためかと思います。涼しい風が吹く頃で「涼子《りょうこ》」と名付けました。

帷子《かたびら》の辻の産婦人科の先生と嵐山の産婆さんのお世話になり、家で無事出産しました。

産後実家の母が手伝いに来てくれました。大きなタライにお水を入れて棒の様な電気器具を中に入れ、お湯を沸かすのですが、手をつけると感電してピリッとするよと、研三さんが注意していた矢先に、母はついお湯加減をみるために手を突っ込み、感電して「キャーッ」と悲鳴をあげるのでした。

お宮参りは、吉川の姑と実家の母が来てくれて、近くの野々宮神社へ、赤ちゃんにベビー服を着せて、お参りをしました。戦争中でフィルムが売ってなく、買い置きをしていたフィルムも無くなった頃だったので、小さな写真が1枚だけしか残っていません。

おむつ洗いは大変でした。赤ちゃんをおんぶしてタライにかがみ込み、ごしごしこすらなければきれいにならず、干す時はおんぶした赤ちゃんが重くて手が上げにくく、おんぶ紐が肩に食い込んで本当に重労働でした。

子供が二人になると目が届かず、一子がいつの間にか渡月橋まで行っていて、ご近所の方が連れてきて下さったりもしました。また、自転車にひかれた事もありました。すり傷ですんだのでよかったですが、恐い事です。

涼子が麻疹《ましん》になり、薬局で犀角《さいかく》という漢方薬を煎じて飲まそうと、ガスで煮ていてお湯が無くなるまでうっかり忘れていて、あわてて水を足して煎じ直した苦い経験も思い出されます。

この頃、放出物資の配給が始まりました。直径十五センチ・高さ二十センチ程のカーキ色の缶にぎっしりおいしい食べやすいチーズが入っている物や、卵の黄身の乾燥した様な物が入った物も配給されました。チーズの不要な方から譲って頂いたりもしました。黄身は水を加えてオーブンで焼くと玉子焼ができました。その頃ガスがあまり使えなくなったため、ガスオーブンを電気で使えるように改良し、また、箱の両端に電源を付けてケーキを焼いたりもしました。その当時としては夢の様な食べ物でした。タンパク質不足の時に、本当に有難かったです。

次女涼子が一子より体格がよいのは、この放出物資のお陰かとも思っています。

旧五条通の景色　2021.6

私は子供の頃、五条堺町西入塩竈町に住んでいました。その頃の記憶はおぼろげなのですが、僅かな記憶を辿ってみる事にしました。

六才の頃に昭和天皇即位の御大典があり、烏帽子《えぼし》を被り、草鞋《わらじ》を履いた珠子の写真が残っていますが、残念ながら私は何も覚えていません。

天皇陛下が京都へ来られた時、当時一番広かった烏丸通で長い間、正座をして待っていましたが、あっという間に車は走り去ってしまい、がっかりしたのを覚えています。

塩竈町には集会所があり、そこの方が回覧板を持って各家庭を回っていらっしゃいました。本業は床屋さんで、私もよく散髪をしてもらっていました。

向う三軒両隣の近所付き合いは、おはぎを作ると、お重に入れ「不加減ですけれど（味付けにあまり自信がありませんがという表現）」と言ってお届けするのです。珠子は「ふかげん」とは、どういう意味かわからず使っていましたが、そう言ってお届けすると、半紙二枚の四ツ折りと、半紙に包んだお菓子が入ってお重が戻って来るのでした。

集会所ではお火焚という行事があり、珠の焼き印のあるお饅頭やおみかんなどが頂けて、子供にとってはとても嬉しいものでした。

また、通天橋の下は紅葉が美しく、広々とした河原で、遠足の様な催しもありました。お弁当が配られ、二段重ねのお重箱の上段には玉子焼やお魚など、下段には御飯が入っていました。とてもおいしかったです。

子供以外は男性ばかりで、顔見知りの人は誰もいませんでした。今思うと、奥様方は家の奥に居らっしゃる事が多く、あまり交流がなかったように思えます。

お正月は、各家々に白と空色の二段染めの幕が張られ、入口は房のある紐で括られていました。中は店の一角が屏風で飾られ、名刺入れが置かれていました。新年の挨拶は名刺だけの方、玄関まで入って来られる方など、いろいろでした。

節分は五条通りを「厄払いまひょう」と言って通られる方に節分の豆と小銭を包んだおひねりを渡す風習がありました。珠子達がお店の大火鉢を囲んでおみかんを焼いたりしながらくつろいでいる時にも、寒空の夜に五、六人は通って行かれたと思います。

終戦が近い頃、五条の南側は、空襲による延焼被害をくい止めるために家を壊して道幅を広げる事になり、一週間というわずかな期間で立ち退くようにとのお布令がありました。珠子の実家を含め、皆が大変困られたとの事でした。珠子は嫁いでいたので子育て、食料集め等、生きるために必死でしたので、終戦後に弟から聞いたのですが、大黒柱の上と下を切って綱をかけ、学徒動員の学生やお百姓さん達、皆で引っぱると家が壊れるとの事でした。しかし珠子の実家は頑丈で、どうしても壊れず、どこかのお百姓さんが解体して持ち帰られたとの事でした。

急なお布令で引越しの荷車をやっと十台予約できたのですが、引越し先の鳴滝までは遠く、道中の盗難が多いので、目的地に着いたのはたったの五台だったそうです。

立ち退きのお布令があった五条通の南側は、大きな問屋が立ち並ぶ所でした。手拭屋、絞り屋、小間物屋が二軒。その他にも大会社の本宅があり、このお邸にはよく宮様が車で来られ、門の中はロータリーになっていて、植込みで玄関は見えませんでしたが、珠子は門の外で見ていた事もありました。このお邸の西へ糸屋、文房具屋、小間物屋、石鹸屋、仕舞屋《しもたや》（商売を辞めた店）が続き、羅紗屋（高級な生地屋）の問屋が並んでいました。

京の家は鰻の寝床といって奥行三十間（約５０ｍ）以上もある細長い家が多く、我が家も蔵がいつまでも残っていたとの事でした。

珠子が幼い頃、家の高い窓から恐い物見たさに、木箱の上に乗り、横町のお寺の墓地をよく覗いていました。

後日、五条通を通ると、そのお墓が残っていました。家を潰して道を広げたため、通りに面していなかったお墓が通り沿いになっていたのです。ああ、いつも窓から見ていたあのお墓だと思いました。

強制疎開は行くあてもなく、家財を運ぶすべもない人も多く、本当に大変だったそうです。後日大きな問屋の御主人が、お商売が行き詰まったのか、ヘアーブラシを売りに来られたのには驚きました。そのブラシは手放し難いほど、良い品でした。

あの戦争は国民全員、大変な目に遭いました。前途ある若人が大勢命を落とされました。本当にお気の毒で、胸が痛みます。何としても、戦争のない世界になる事を切望するばかりです。

昭和二十二年～二十五年頃（一）　2022.12

昭和二十一年二月十七日以降、預金封鎖があり、一世帯あたり世帯主が新円三百円、家族一人につき百円が引き出せる事になりました。また、新円切り替えで半月後には旧円が使えなくなり、一人百円だけ新円と交換できるが残りの旧円は強制的に預金させられました。こうして政府は国民の資産を把握して、財産税を課す準備を整えたという事らしいです。

この頃、研三さんは義兄の勧めで十五商会に就職しました。この会社は進駐軍の放出物資を配給する会社で、義兄の京大ラグビー仲間が何人か集まってできていました。ラグビーは十五人でプレイするため、この名がついたそうです。建築家や弁護士さんがいらっしゃいましたが、当時はまだ法律がきちんと定まっていなかった様で、建築家や弁護士には専門の仕事が来なかった様でした。医者にかかる人も少なく、お医者さんも、病人が来なくて困っていたと聞いています。

このメンバーが研三さんを酔わそうと我が家に来られた事がありました。すき焼きをして集中的にお酒を勧められましたが、研三さんは酔いつぶれず、両手を上げて「オーケー、オーケー」とご機嫌な様子でした。楽しいメンバーでありましたが、放出物資は長く続かず、終わってしまいました。

その後小学校時代の友達などと、二回程事業を始めましたが、失敗に終わりました。舅は自分も養子に来た頃は事業がうまくいかず、次々と失敗をして舅に「自分の仕事は養子には継がさず、孫に継がせる」と言われた事がある人でしたので、研三さんの失敗を授業料だと言い、資金を出してくれました。

こんどこそと中学時代の友と始めた仕事は、機械の部品の会社でした。部下を何人か連れて来て、研三さんが資本を出して作った会社でしたが、ある日会社へ行くと、機械も人も誰も居なく、もぬけの殻であったという事でした。信用していた友に裏切られたのは、よほど悔しかったらしく、縁側の籐の椅子を庭の芝生に投げつけて怒っていました。

珠子は大変だなあと思いましたが、何もしてあげられませんでした。

いつの頃からか珠子は着物をお金に替えていました。いつも髙島屋で売っていましたが、その頃は嵐電の中や四条大宮の街で見かける広告と言えば質屋の広告ばかりでした。質屋ってどんな所だろう？と興味を持ち、一番大きそうな四条通の質屋へ行って、着物を三枚見てもらいました。いつもより安い値で買い取ると言われたので、売るのをやめ、いつもの髙島屋へ行きました。

また、嵐山の御近所で大阪へ着物の行商に行っていらっしゃる方が居て、その方にも随分売って頂きました。戦争で着る機会のなかった珠子の着物は新しく、仕付けがしたままでしたので売りやすいと言っていらっしゃいました。

当時大島紬は一万円、龍村の帯も一万円と、高値で売れました。あまり欲しくなかった着物がお金になるのが嬉しくてどんどん売り、生活費にあてました。ご近所の方にお襦袢《じゅばん》を三枚持って行った時、「まだお金が足りまへんか？」と聞かれた事がありました。

研三さんは「僕の着物も売ってや」と言っていましたが、男物は売れませんでした。

この頃、髙島屋は烏丸通高辻下るにあり、古着が主な商品でした。義姉のやえ子姉さんが髙島屋へ行くと何だか見覚えのある着物が並んでいたのが、ふと珠子の着物だと気づき、吉川の両親に知れてしまいました。嵐山の家はどうなっているのかと、心配して珠子を訪ねて来てくれました。

お金が必要なら嵐山の家の蔵に避難させてある道具を売ってあげようと、夷川の老舗の道具屋に来てもらい、いろいろと買ってもらいました。中には両親の金婚のお祝いに子供一同が贈った、堂本印象の掛軸もありました。値がよかったので売ることになりました。

また、やえ子姉さんの紹介でピアノを十字屋に売る事になりました。珠子はこんな広い家より小さな家がよいと思いましたが、その頃ピアノは家の価値に比べて高価な物でした。北にある千坪の土地を売ったと研三さんが言いました。後日珠子のお友達から「二十二万円は安かったな」と聞いたので、初めて二十二万円で売った事を知りました。

この様な経済状態なので、税金も払えませんでした。ある日、税務署の方が来られて、税金を納めるように厳しい顔で言われました。「お金が無いので払えません」と一子を膝にのせ、玄関の隅に座って小さくなっていた、その時、電話が鳴りました。すると税務署の方が「まだ電話があるやないか。電話を売って払え」と怒鳴られました。珠子は電話が売れる事を知り、驚きました。

研三さんは姑まきや、矢吹の姉から事業は諦めてサラリーマンになるよう説得され、会社勤めをする事にしました。

昭和二十二年〜二十五年頃（二）　2023.1

研三さんのサラリーマン生活が始まりました。

その会社は京都が本社ですが、大阪で貿易部を始められたのか勤務地は大阪で、お友達を誘って二人で勤務をしておりました。家から阪急嵐山駅まで渡月橋を渡って歩き、桂駅で本線に乗り換えるのですが、当時は大変な混み様で、電車に押し込まれて片足が地に着かず体が斜めになったまま大阪まで行くとの事。毎日お弁当を持っての通勤でしたが、アルミのお弁当箱が変形して使えなくなるほどでした。その頃、東京で大学生のアルバイトに、乗車口で客を押し込む仕事をしていた甥二人が「力いっぱい押すんだ」と言っていました。関西も同じであった様です。

その後、本社勤めになりました。ある日、会社に必要と思われる記事が書かれていたので社内で新聞を読んでいると、上司が「新聞は会社で読むものではない！」と言われたと、ボソッと言っていた事がありました。

当時珠子は子育てに忙しく、会社の事はあまり知らずに過ごしていました。

その頃、実家のお母さんの病が重くなり、お見舞いに行きました。涼子は一才五ヶ月、一子が四才で、結核という病の性質上、子供は連れて行けないので、涼子は爺やさんに見てもらい、一子にお魚屋さんで配給を受けるため並ばせて鳴滝の実家へと向かいました。今思い返すと、その配給の品は何だったのか、また、家まで無事に持って帰れたのかも思い出せず、よくも四才の子供にその様な事をさせたなと、当時の余裕のないぎりぎりの心がすさんだ生活がしのばれるのでした。

昭和二十三年三月、お母さんのあきが成仏しました。満五十七才の旅立ちでした。食料不足の中、テニスコートも花壇もみな、畑にしてがんばっていたのですが、お父さん、儀兵衛と子供六人が見守る中、安らかに人生を終えました。

珠子が駆けつけ、病室に入った時には、か細い声でしたが、付き添いさんに「こっちむいて食べましょか？　こっちがよろしいか？」などと言っていて、臨終とは思っていない様子でした。最後に明るい真昼なのに「珠ちゃん、暗くなってきたから子供が待ってはるやろし、早うお帰り」と言いました。お父さんがすぐに電灯をつけました。

やさしいお母さんでした。嫁いで少し経った頃、家に帰ると、おぜんざいを作ってくれました。弟がこんなものどこにあったのかと驚いていましたが、珠子のために残しておいてくれたらしいです。また、女学校の頃、お裁縫で、どこで間違えたのか着物が縫えずお母さんに縫ってもらいました。きれいに出来すぎて先生にばれないかとヒヤヒヤした事などが、次々と頭によみがえってきました。

お母さんが亡くなり、数年が経ったある日、何の集まりだったか思い出せませんが、今中家の兄弟六人が集まった時、夏の避暑の話になりました。毎年の行事なので珠子も子供達を連れて行く予定でしたが、お父さんが「珠ちゃんは今年は遠慮しなさい」と言いました。

珠子は何故自分の家だけが行けないのかと悲しくなり、泣いてしまいましたが、研三さんの度重なる事業の失敗で、吉川の両親に多大なご迷惑をかけたためだという事でした。それが世間の常識なのでした。途中でその場に入ってきた上の兄さんが泣いている珠子を見て、「どうしたん?」と驚いていました。

吉川の家では毎月一日に嫁達が両親に挨拶に行く習慣がありました。二人の幼い娘を連れて嵐山から相国寺門前町まで電車を乗り継ぎ行くのは大変な事でした。やっと支度が出来ても、おむつを替えたりなど。姑まきはお菓子を用意し、お薄を立てたり紅茶を入れたりして珠子達が来るのを喜んでくれていました。三人の義兄の妻達は二十才以上年上でした。

帰り際に珠子にだけ生活費としてお金を渡してくれました。研三さんに渡すと珠子の手に渡らないかも、という両親の心遣いのようでした。再三の事業の失敗で、研三さんはすっかり信用を無くしてしまっていたようでした。

研三さんは分家した時から新しい機械を作る夢を諦めず、常にポケットにメモ一枚を入れて思いついた事を書いていました。ある時、嵐電に乗っていに時に、急に真剣な顔になりました。ああ、また機械の事を考えているんだと思いました。初めの頃に開発していたのは、径三十センチ程の平たいケースに入れたモーターを自転車に付けるバイクのようなものでした。だいぶまとまった頃、本田技研が開発をしていると新聞に出ていたため、これは大きな会社がする仕事なのだと諦めてしまいました。

財産は失ってしまいましたが、それでも研三さんは機械を作る夢を諦めきれず、自分の設計した図面を片手に協力して下さる会社を探して歩き回っていました。そしてようやく試作をして下さる会社が見つかり、立ち上げたのが日本のゲーム会社の礎となる関西精機製作所という会社でいた。最初の製品はテレビがまだ普及する前の時代、デパートの屋上で見るテレビのような、紙芝居のような機械でした。

昭和二十五年〜二十七年頃

昭和二十五年四月、長男が誕生しました。近くのお産婆さんと産婦人科のお医者さまとの立ち合いで家での出産となりました。「純」の誕生です。

ご近所の方が「ご主人の顔を見れば尋ねなくても坊ちゃん誕生だとわかった」と言っておられるほど、研三さんは本当に嬉しかったようでした。

珠子は産後、どこかの神経が切れてしまったのか、寝返りすら打てない状態でした。一週間ほどでどうにか這ってトイレまで行けるようになりましたが、右足を左手で前へ進め、次に左足を右手で進めるという困難な状況でした。ゆっくり這って柱につかまって立とうとしても、どうしても立てませんでした。一か月ほどで歩けるようになりましたが、マリオネットの人形のようにガクガクとしたぎこちない歩き方で、産婦人科の先生も「おかしな歩き方やなあ、なんでやろ」とおどろいていましたが、当時は戦後の混乱期で病院がちゃんとしていなかったので、診てもらう事はありませんでした。

一子と涼子は純が生まれてしばらくは珠子の居る部屋には入れず、庭からガラス戸越しに並んで覗いていました。その姿がとても可愛らしく、印象に残っています。普通に歩けるようになるまでかなりかかったと思います。

日本は敗戦の痛手で財政が厳しく、昭和二十一年富裕層から財産税を取ることにしました。

吉川の東三本木の鴨川べりの家も他人の手に渡り、両親は長兄の家の離れに住むことになりました。

珠子の実家の今中家も芦屋の貸家を売りましたが、お父さんは強制疎開の引っ越しで忙しく、お母さんは病気でしたので売りには行けず、中学二年の弟が代わりに売りに行ったとのことでした。

研三さんの姉の矢吹の家も進駐軍の家族が同居するようになり、姉の娘がピアノを弾くと怒られたので、娘の通っていた同志社に近い相国寺の借地の家に移転しました。

吉川の両親も娘の矢吹の近くに住みたいと矢吹の隣が売りに出たので引っ越しました。

一子は小学校入学、涼子は幼稚園に入ったのですが、珠子は出産で何もしてあげられませんでした。

その頃、研三さんは毎日大阪へ出勤していましたが、珠子が純の添い寝をして眠ってしまった時に、研三さんが帰宅して、珠子がベルに気付かず、門を開けに出られなかったため、生け垣を超えようとしたところ、ちょうど巡査さんが巡回していたので、通り過ぎるのを待ってから生け垣を越えたと言っていました。

産後、珠子の上の姉さんが手伝いに来てくれました。珠子は夜中の授乳などであまり眠れないので、朝はゆっくり寝ていました。研三さんは毎朝、自分で朝食の準備をしていましたが、トースターが片面しか焼けない物でしたので、髭を半分剃り、パンを裏返しに洗面所から台所へ、そしてまた洗面所へと走り、残りの髭の半分を剃りながらパンが焼けるのを待っていました。見かねた姉さんが手伝おうとしましたが、「慣れていますので結構です」と言っていたそうです。それを聞いた珠子も申し訳ないと思いましたが、ゆっくりと寝させてもらいました。

長男、純は元気に二歳半になり、長女一子は小学三年生、涼子が幼稚園年長組になり、毎日忙しく楽しく暮していたころの事でした。研三さんの父、元三郎が昭和二十七年十一月に他界しました。七十九歳でした。研三さんの度重なる事業の失敗でずいぶん迷惑をかけてしまったのに、何の恩返しもできなかったのが悲しく、お逮夜《たいや》（故人様が亡くなった日を一日目と考え、忌日法要を七日目ごとに行うこと）は皆で御詠歌《ごえいか》（仏や霊場をたたえる歌）をあげながら泣いていました。珠子は「あんたがめそめそするから僕まで泣かされた」と義兄に言われました。研三さんもさぞかし残念だったと思います。

姑が一人になりましたので、女中の軽野さんは近くに家を買ってもらい、毎日姑の所へ手伝いに来ていました。

舅は生前、姑が暮らしたい子供と暮らせるようにと、子供達には平等に財産を分けていました。姑は「研三と住みたい」と言ったので、嵐山の珠子の家へ迎えることになりました。畳を替えたりと準備をしていましたが、義姉に「母はわがままなので珠子さん一人で面倒を見るのは無理でしょう。だいぶ弱っているから、嵐山の家はそのままにして、一年ほどだけ相国寺の家に住んでくれたらいいと思う。私も手伝うから。」と言われました。珠子の友達のお母さんがお姑さんと住むのは大変だからと反対の意見を言ってくださったのですが、珠子は相国寺の家に行くことにしました。

舅が成仏して一ヶ月後の一二月二九日、慌ただしい移転となりました。

引っ越したばかりで何もない、喪中のお正月を迎えましたが、一応食料を買わなくてはと近くのマーケットまで行ったおり、帰りに迷って心細く、うろうろして向かいの学校の塀が見えた時はほっとしたことが思い出されます。

いよいよ姑と家族五人の生活が始まりました。

この時、珠子は姑と十五年も一緒に暮らすことになるとは想像もしておりませんでした。

昭和二十五年〜二十七年頃

つるぎ

昭和二十八年～三十年頃（一）

研三一家は昭和二十七年の年末に相国寺の近くの姑の家に移転しました。その時、姑は七十五歳、研三、三十六歳、珠子三十歳でした。

姑は事業家の家に育ったためか、明治十年生まれという時代の生活習慣のためか非常につつましい暮らしぶりでした。

珠子は商家の育ちなのでおかずを多く作ってしまいます。あるとき姑が子供たちに「大根とお揚げの煮物はもうないえ」と言ったので「あれっ」と不思議に思いました。お食事が終わると、お膳の下から鍋を出して「これ、明日のおかずにおし！」と言われました。天ぷらやフライの時も同じように言われました。

卵はお昼ごはんには贅沢だとか。明治生まれの主婦の知恵を教えて下さるのですが、食べる事が大好きな珠子には馴染めませんでした。

また何時でも用事を言いつけるので困ることも多かったです。当時人気だったテレビドラマを、これだけは見たいと楽しみにしていましたが、昼食後に女中さんとくつろいでいる時に限って、離れから杖の音がして用事を言いつけるので、たった十五分もゆっくり見られないのかと悲しくなりました。

当時の嫁は「今テレビを見ていますので後にして下さい」とはとても言えませんでした。今思うと不思議な気がしますが……。

だんだん生活には慣れてきましたが、姑はお金持ちを大事にする反面、裕福でない人をさげすんでいて、お金の払い方一つをとっても差別するのが気になりました。

珠子は姑を大事に思い心から仕えて、姑好みのお料理をしたりしているのに対し、姑は「研三さんにこれ食べてもろて」など、研三さんだけを大事にするのでした。

吉川家のお正月は研三さんの兄三人の家族が姑への新年の挨拶に来られるので、毎年五〇人分のお正月のお菓子を用意するのですが、一日でほとんどなくなります。また、数の子、たたきごぼう、田作りの三種の小皿と卵焼き、龍飛巻、かまぼこなどのお皿にお銚子を付けてお出しするのですが、お客様がぽつぽつと来られるので忙しく、珠子はくたくたに疲れていました。

舅の兄弟の時は実家が河原町三条という場所柄の為か三味線に長唄またお琴も奏でられ、楽しそうでした。

姑の姉妹四人は毎月義祖母の命日に弟さんの家に集まり、お仏壇にお参りするのも忘れるほどおしゃべりに夢中になられると弟さんが言っておられました。

研三さんの休日には二人で姑の部屋に行き、お抹茶を頂くのが習慣になっており、姑も楽しみにしておりました。

珠子はだいぶ姑に馴れてきましたが、小学校の保護者会などへ行くときも、何と言って出ようかと姑の部屋までの廊下を行ったり来たりして決心してからでないと挨拶が言えませんでした。

珠子がデパートで買って来た品も、姑に「見せて」と言われ、お見せすると「これははげやすい色だ」とか「これは破れやすい生地だ」と注意されるので気が滅入りました。

相国寺の近くの姑の家に引っ越して二年ほどが経ったとき、嵐山の家はそのまま空き家になっていましたが、ある日、政治家の秘書の方と嵐山の役所の人、姑の知り合いのお婆さん達五人ほどが訪ねて来られ、嵐山の家をある政治家が欲しがっておられるので売ってほしいと言って来られました。

その政治家は大物で、その方が嵐山へ来られると嵐山が発展するので嵯峨嵐山のためにぜひ売って下さいと熱心に頼まれました。

研三さんはいずれ嵐山へ帰る予定なので売るつもりはありませんでした。その後五、六人の方は何度も訪ねて来られ、研三さんも売る気になり、金額を１２５万円と提示した。

先方は１２０万円でと熱心に頼まれるので、珠子は「あなた１２０万円になさったら？」とつい皆の前で言ってしまいました。なんと非常識なことを言ってしまったのかと今では後悔してますが、あまり毎晩来られるので、つい言ってしまったのです。姑の知り合いのお婆さんが、「来るたんびにお菓子が出て、ようありますね」と言われたのですが、姑が用意したのです。

研三さんは「5人対2人と思っていたのに、あんたまで向こう側についたので6対1になってしまって、あの値で売らんならんはめになった」と残念がっていました。

昭和二十八年〜三十年頃（二）

相国寺門前町の姑の家に越して間もない頃、珠子のお父さんが姑へのお正月の挨拶に来ました。その時姑の部屋の隣の座敷に十五商会に勤めていた仲間の方が来ておられました。研三さんが相談したくて来て頂いたのだと思います。お父さんが帰り際に門の所で「気をおつけや」と言ったので、珠子は「あの方は信用できる方です」と言うとお父さんが「研三さんにや」と言いました。

研三さんが何を話していたのかは知りませんが、以前、事業に失敗した時に機械等を持ち去られてしまったのを何とか取り戻せないかと思っていたらしく、その相談をしていたのだと思います。

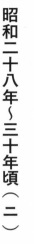

ある休日、寺町三条北にある大きなお寺を入った右側に、よく当たるという手相を見られる方がおられました。、珠子に「見てもらって」と研三さんが言うので、見てもらいました。研三さんは向かいのお店の前で待っていました。

手相を見る方は「あなたの夫は、自分のしたい事をすると成功する人です」と言われました。

家へ帰り、姑と義姉やえ子に、どこへ行っていたのかと尋ねられ、ありのままを話すと姑もやえ子姉さんも「何でそんな事を正直に研三さんに言うの。また、事業をやりたいと言い出したらどうするの」と言われました。珠子はどうしたら嘘がつけるのか考えましたが、自分は上手に嘘がつけないのだと思いました。

珠子は研三さんの事業の失敗をあまり気にしていなかったので、この様な考えの違いが起きるのだと思いました。珠子のお父さんや姑、やえ子姉さんのほうが心配していたようでした。

ある日、姑が珍しく、大津坂本屋の佃煮をくれました。親切に下さった事に珠子は嬉しくなり、隣に住むやえ子姉さんの所へ持参し「お好きなだけ取って下さい」と言うと「珠子さん、これはだいぶ前にもらった物で、私はもう食べたから」と言われました。皆が食べた残り物だった事を知り、珠子は嬉しさがすーっと消えてしまいました。

また、やえ子姉さんが「姑は結核菌が出ているので子供達を近づけないほうがいい」と言ったので子供達を姑の部屋には行かせないようにしました。すると姑は「あんたがやえ子に子供達が近づかないように言ってくれと頼んだのではないか」と言いだしたので「そんな事は頼んでいません」と答えましたが、なぜ珠子が悪者にならなければならないのかと情けなく思いました。

珠子が女学校のクラス会の当番をした時も、日曜日だったのですが、研三さんの許しを得て女中さんにすき焼きの夕食をたのみ出かけたのですが、珠子が夕食時に帰り「ただ今帰りました。」と挨拶をすると、姑は「研三さんが居はるのに遅いやないか。研三さんがかわいそうやないか」ときつく叱りました。その時珠子は初めて「研三さんに許しをもらっています」と口答えをしました。姑は少し驚いた様子でした。

いろいろあっても家族のドライブには姑も一緒に行きました。日産のダットサンは5人乗りなので姑が乗ると合わせて6人になり、交番の前を通るときには小さい純が足元に隠れなければなりませんでした。皆が気にして巡査さんの方を見ていたためか、止められてしまいました。研三さんが謝って無事に済んだのですが、ひやっとしました。

珠子は姑の事ばかり気にして暮らしていましたが、子供達は順調に成長し、純は幼稚園に通うようになりました。お昼は姑と二人だけの食事となってしまいました。姑との暮らしはまだまだいろいろあっていつの頃からか、姑の顔を見るとお食事がのどを通らなくなってしまいました。「今日はお腹をこわしたので」と一緒に頂かず、二階でこっそり頂いたりしました。

この頃、珠子は心を病んでいたのか姑を大切にできなくなっていました。これでは姑に申し訳ない、姑には立派な息子さんが他に三人もおられるのだから、他の家で暮らす方が良いのではないかと考え、家も広く若い後妻さんのいる義兄の家を訪ね、事情を話しましたが、義兄はじっと聞いてくれただけで、預かるとは言ってくれませんでした。

珠子は体重も減り、胸のふくらみもなくなり、笑顔すらない醜い女性になってしまいました。何故、姑を大切にできないのか、大事な姑なのに、毎日暖かいふとんで寝ているのに、どこの家庭も姑とは難しいものだと解かっていたのに、不満に思う珠子が悪いと自分を責めました。一度、自分がどれだけ恵まれているのかを再確認しようと真冬の廊下で寝た事がありましたが、すぐにガタガタ震えて寝ていられなくなり、二階の寝室に戻りました。

だんだん一人になりたくなり、丁度、女中部屋が空いていたので、そこで寝る事にしました。珠子の仕事場である、お台所に近いのも都合が良いと思ったのです。

昭和三十年～三十三年頃

研三さんは会社勤めの休日に、いろいろな機械を考えて、左京区にある町工場で試作をしていただいていました。この工場の方は好意的に研三さんの考えた設計図を見て作ってくださった大恩人となります。はじめに作ったのはチューインガムの自動販売機でした。ちょうどガムが流行していた頃の事です。縦４０センチ幅３０センチ奥行き１５センチほどの箱型で、幾種類かのガムがボタンを押すと出るようになっていました。

ある大手の菓子メーカーに持参すると、注文したいといわれ、メーカーの仕様に直して持って行ったそうです。ところが初めの条件と違うことを言われたため、こちらから断った、と言っていました。せっかくいい機械が出来たのに惜しいなと思いました。

次に作ったのはデパートの売り場に置くテレビ型の広告機で、商品の画像が次々と映し出される機械でした。珠子も大阪の阪急デパートの靴下売り場で見かけましたが、動くもののない売り場で次々といろいろの靴下がガチャガチャと自動的に映し出され、当時としてはとても目立つ存在でした。

その機械を見た阪急デパートの屋上に遊技場を持っておられる方が、遊戯機械を作ってほしいと注文されました。

そうしていろいろ工夫を重ね、出来上がったのが「ステレオトーキー」という、箱を覗き込むと立体の人形劇が見られるテレビに似た機械でした。まだテレビが一般的には普及していない頃の商品だったので、子供達を夢中にさせていました。『赤ずきんちゃん』『白雪姫』など8コマの場面の出る機械で、赤、橙、黄、青、紫の5色のボックスに入っている可愛い機械でした。人形の舞台をレンズが2個ある立体カメラで撮影して劇団の方にお話をレコードに吹き込んでもらい、それを聞きながら画面を見る商品でした。機械のデザインは京都市立芸術大学のデザイン科の先生に考えていただいたので、非常に斬新なものとなっていました。

この機械ができる途中で代金を受け取ることになり、研三さんは会社勤めがあったので珠子が代わりに受け取りに行くことになりました。「お金を受け取ったら、それであんたの好きなものを買ったらええ」と研三さんが言ってくれました。研三さんが自分で作った機械のはじめての収入でした。珠子は喜んで京都駅から国鉄に乗り、電車が京都を発車した時、急に涙がポロポロ出ました。ただ京都から離れられる、毎日苦労しているあの家から離れられるのがうれしかったのだと思います。自分でも不思議な涙でした。

この頃珠子のうつ病は進んでいたようでした。姑の顔を見るのが辛く、毎日、目が覚めると、「姑と一緒のこんな生活はもう嫌だ、死にたい」と思うようになっていました。大切な子供三人、夫もいるのに、珠子の頭の中は姑一人が占め、視野が狭くなり、口から出る言葉は姑のことばかりになっていました。めそめそ泣くことも多くなり、これが今から思うとうつ病だったのではないかと思います。

阪急デパートの屋上で前金を受け取り、地下をうろうろ見て回りましたが、買ったのは大きな機械が作り出すベビーシュークリームだけでした。この頃長女一子は六年生になっていました。次女涼子は三年生、純は幼稚園に通っていました。長女の担任の先生が「同志社中学を受験したらどうですか？」と言われたとのこと、珠子は公立中学へと思っていたのですが、中学は無試験でも高校は受験があるので、中学で受験をしておくのも良い経験になるかもと思いました。

いざ入試に合格すると、同志社から「上級生が祝辞を述べますのでお宅の子供さんに答辞を言ってほしい」との電話がありました。珠子は驚きましたが同志社中学に入学することになりました。

涼子も学級委員をしている。純も元気に幼稚園に通っている。珠子だけが不安定な精神状態の日々を過ごしていました。

実家のお父さんも珠子の異常に気付いて心配していたと後日姉に聞きました。

研三さんはステレオトーキーという機械が売れたため、勤めていた会社を辞めて自分の会社を立ち上げました。

この頃、研三さんは三十九歳、珠子三十三歳でした。研三さんは新しい事業も始めたため、相国寺の自宅は急に工場となり、昭和三十年に「関西精機製作所」が誕生しました。座敷には事務机が並び、レコードの溝を掘る人もおられました。応接間も玄関も5色の金属ケースの中に、下請け工場から出来てきた機械を入れて仕上げる作業が始まり、お天気のいい日は庭にまでパイプにのった機械が並びました。専用の運送屋さんが東京をはじめ、北海道、名古屋へと慎重に配送して下さいました。

珠子も機械の看板に入れる写真に絵の具で色をつける作業をしました。カラー写真はまだ一般にはなかったようです。

東京タワーが出来たのが昭和三十三年、終戦後十三年経った頃の事です。東京タワーの社長さんが自分の欧州旅行の写真を入れたいので、と京都の家まで来て下さったりしました。

当時は戦後の復興期で名古屋、札幌、福岡とタワーが建てられ、そのほとんどにうちの「ステレオトーキー」という機械が備えられたので次々と注文が来ました。テレビがまだ普及していない時代の、子供達の娯楽となっていたのです。

この年、ちょうど京都市が京都の発展のため、西京極に工場地を作り希望者に売っていたのでその区画を分けていただき、新工場を建設することになりました。研三さんは会社のことで頭がいっぱいになり、家のことを考える余裕がなくなってしまいました。

西京極に新社屋が出来た時、研三さんが姑と珠子と子供達を会社に案内してくれました。その時の写真が残っていますが、姑も珠子も何ともうっとうしい顔をして写っており、あんな顔が毎日死にたいと思っていた時の顔なのだと思いました。

ある日、研三さんにひどく叱られたことがありました。何で叱られたのか、何と言われたのか記憶にないのですが、たぶんその時、頬を叩かれたのだと思います。一生に一度だけ叩かれたのがこの時だったように思います。珠子は大きな声を出して泣きました。「今すぐにでもこの世から消えてしまいたい」「なんの役にも立たない自分はいないほうがいい」とこの世の終わりのようにワーワー泣きました。研三さんが何をそんなに怒ったのか今もわかりませんが、その時、姑は義姉の家に泊まっていて留守でした。研三さんは純に散歩に行こうと誘って出て行きました。

珠子は広い家で一人泣き続けていました。すると純が一人帰ってきました。珠子が心配だったようです。この時、珠子はこの家以外に行くところがないことを悟ったのです。

後日、研三さんが九十四歳のころ、緑内障で視力がほとんどなく、珠子が介護に専念しているころ、ふと「あんた僕が嫌いになった時があったやろ」と言いましました。珠子は考えて、「いいえ、一度も嫌いになっていません。ただ姑と住むのが嫌で毎日死にたいと思っていた時期がありました」と言いました。珠子が恥ずかしさも考えず、号泣したあの時、研三さんは自分が嫌われていると思って怒ったのかも知れない、と思いました。

竣工のお祝いの会が新工場で催されました。工場は食堂のように白い布で覆われたテーブルが並び、コックさんが片隅に陣取り、業界関係の方、工場関係、取引先銀行の方、研三さんの兄三人，珠子の実家の父など、大勢が出席して下さいました。舞妓さん五人に芸妓さんも来られ、上等の日本料理が並べられ、賑やかな会となりました。

その一方で、この年ごろから珠子は姑の介護に精力的に取り組む日々が続く事になりました。

会社は順調に新商品を出し続け、発展していきました。京都の優良法人となり、最盛期には６０人ほどの社員になりました。一番人気の機械はドライブゲーム機のインディ５００でした。これはアメリカをはじめ、ヨーロッパの各国へも輸出され、そのころ長男純も入社していたので、研三さんと純はヨーロッパへ機械を組み立てる社員とともに、出張したりしておりました。

しかし最盛期は長くは続きませんでした。良い機械を作ってもすぐにコピー製品が出てきてしまう。また、世間はすぐに飽きるようになり、次々と新商品を作らなくてはならず、研三も純も仕事に追われるようになりました。

平成五年（１９９３年）長男純は突然、癌である事が発覚し、四十三歳の若さで旅立ちました。研三さん七十七歳、珠子七十一歳の時でした。純の病は耳下腺癌でした。工場検査（健康診断）は首から下の検査なので、毎年参加していたが異常はなく、耳の下が腫れてきて初めて気づいたのでした。それまでテニスをしても疲れることもなく、元気に過ごしていました。

おたふくかぜなどは腫れても軟らかいのですが、悪性の癌は硬かった。京大の口腔外科にかかり、最新の自己血液で培養した免疫を体に戻す治療もして頂きましたが、手遅れでした。

何としても病気を治して会社に戻りたいと切望し頑張る純に、研三さんも、純が亡くなるまでは会社を残してやりたいと社長業を頑張っておりました。純が水も上手に飲めない状態になっていたとき、珠子が純の口元に水を含ませたガーゼを持って行くと、純はその水を吸い、「お母ちゃんナイス」と言いました。

今日明日が危ないと言われたときに、研三さんが「矢吹の姉のところに行くから一緒に来てほしい」というので義姉の家へ行きましたが、話の途中で急にテレパシーを感じ、純が亡くなったと感じました。「私帰ります」と急に立ち上がり、一人で急いで家に帰りました。家では電話が鳴り響いていて、やはり次女からの純の訃報でした。

研三さんと珠子と矢吹の姉の３人で病院に向かいました。車の中で研三さんに「僕が誘ったせいで死に目に会えなかったから僕を恨むか」と聞かれたので「死に目に会うのは辛いことですし、私はこれでよかったと思います。」と答えました。長い間覚悟してきたことで運命だと思いました。

研三さんは「僕があんな仕事をしなかったら純はもっと生きられたかもしれないな」とポツリと言いました。

そして後継者を亡くした会社は三十九年の歴史に幕を閉じる事となりました。今はそれも運命だったと思っています。

会社を解散して二十年も経てアミューズメントジャーナルという業界誌が関西精機製作所の特集を組んで下さり、とても感謝しています。

遊戯機械の製造会社のなかった時代に、日本で初めて精密機械の製品を次々と作り、業界を一時期リードしていたことは珠子にとっても誇りであります。

日本タンポポ

現在の珠子　2021.4

春、何と美しい響き。寒がりの私が待ち焦がれた季節がやってきました。ときめきの季節です。

春とはいえないような寒い頃より「匂いすみれ」が濃い紫の可憐な姿を見せてくれます。日当たりのよい所や、そうでない所の隅で咲く、強い花です。

そろそろ「フキノトウ」が出ているかと、裏庭で探してみる。でも、まだだったりもしますが、今年は五つ採れました。早速てんぷらにしていただきます。

「二人静」が群がって咲き始めました。裏庭のほとんど日の当たらない家の影で小さい花が咲き始めるのです。

家の影になっている所は、苔がもこもこと茂り「二人静」がニョキニョキと二十センチ程、花茎を伸ばし葉が開き始めてきました。四、五十本はあると思います。

「イカリソウ」も春一番に咲くきゃしゃな花です。手をかけなくても毎年木陰でピンクのイカリ型の花を細い茎の先に付けます。

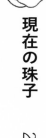

「白いたんぽぽ」が南の庭で咲いています。日本古来のタンポポで、三十センチ程も花茎を伸ばし、花径三センチ程の大きな、品のある花を咲かせます。

「黄たんぽぽ」も日本種は二十センチ程も茎を伸ばして咲きますが、西洋たんぽぽは短く咲いていることが多いようです。

「片栗の花」は何とも可憐で大好きな花の一つです。買って二、三年は咲いてくれましたが、葉がおいしいのか、昨年はダンゴムシか何かに食べられ、今年は比較的大きな葉が一枚、顔を出しましたが、花芽も出ず枯れてしまいました。

「チダケサシ」は三ケ所元気に育っています。あわもり草に似た淡いピンクの小花を沢山集めた花です。茎が細くしっかりしており、茸を刺したのでこの名が付いたとのこと。美しい花です。五月には咲くと思います。これは六、七十年前ご近所の方が比良山に咲いていたものを持ち帰って下さり、我が家に下さったもので、日本古来種の植物です。

黄色の「えびね蘭」が咲き始めました。白と淡緑の二色の「えびね蘭」は、昨年お友達に譲ったので、今、芽を出している黄色の「えびね蘭」の中にまだ球根が残っているかどうか、気がかりになっています。

我が家で一番華やかな花は、なんといっても玄関脇の「三ツ葉つつじ」になります。三月の初めに透明感のある紫がかった赤の花をいっぱい付けて、庭石の横で咲き誇りますす。その間は居間から眺めて、うきうきと心をはずませています。

「白樺」の若葉の頃は爽やかな気持ちになります。小さな若葉がさわさわと揺れて白い幹に映えるさまは、京都にいるのが不思議な気持ちになりつつ眺めています。

この白樺は、山好きの義兄が病気になり、少しでも慰みになるかと弟が信州より十本トラックで運んでもらったのですが、三本残ったので我が家に来てくれました。今あるのは、その木の「やしゃご」ぐらいになります。以前は二、三本あったので、子供の白樺が次々と生えてくるので抜いていました。しかし、一本になって久しいので、子孫が作れなくなったのでしょう、今年は枝が二本枯れて、若葉も少なく元気がありません。もう年なのかなと思います。

コロナ禍の中でも、この年齢で庭の見回りができ穏やかに暮らせる幸せを、しみじみとありがたく感じ、世の中の皆様にお礼を言いたいと思うこの頃です。

ヒオウギ

珠子は今、ここに居ます　2021.5

春一番の幸は、フキノトウです。宝鐸草《ほんちゃくそう》や茗荷《みょうが》におされてフキが少ないので、今年の収穫は五つでした。フキも少しとれるが皮を取って直がつおで炊いたのは一回だけでした。

山椒の木が四本あります。二本は花山椒で、あとの二本は実山椒です。まず山椒の葉を木の芽としてタケノコやお魚の煮物に添え、若竹のすまし汁に浮かし、散らしずしの上にものせます。春の季節感だけでなく、錦糸卵と一緒に口に入れる時は幸せを感じずにはいられません。

花山椒は花が咲きすぎても、蕾《とぼみ》の時も、あまりおいしくなく、頃合いを見て摘みます。少しピリッとして御飯にのせて頂くと食が進みます。今年の実山椒は、実がふくらんだ頃、乾燥注意報が出て実が黒く縮んでしまい、慌てて水やりを三日続けましたが実は少なく、いつもより大きな実が一合枡に山盛りの収穫となりました。京都の人はよく作りますが、我が家でも一年間のチリメン山椒に使う大切な存在なのです。

お茶摘みは五月二日の八十八夜に摘むのがよいのですが、しなくてはと思いつつ七日後になってしまいました。一週間で葉が大きくなり、摘むのに力がいりました。スマホでお茶の作り方を検索してみると、電子レンジでできるとのこと。今年はこの方法で作ることにしました。手で揉むのには力がいって疲れましたが、今、作っています。作っている間、お茶の香りで心が癒やされます。自家製のお茶は香りが良いので、毎年作りたくなるものです。

六月には梅がとれるはずなのですが、昨年に続き「貝殻虫」が付いて収穫はありませんでした。梅が二個落ちただけでした。いつもなら、梅ジャムを作っている季節なのに。

次に茗荷が出る頃となります。私は茗荷を探すのも、使うのも下手で、味噌汁に入れるか、甘酢に漬けるぐらいしかありません。

七、八月頃にはブルーベリーが赤紫色に熟します。熟した実から順次採って、主にジャムにします。ジャムは炊き上がった時に柚子《ゆず》の搾り汁を入れると味も色も良くなります。これはヨーグルトに入れて美味しく頂きます。

あんずが大木になりました。毎年植木屋さんが枝を大きく切るので、花も少し、実も二、三個、虫に食われて落ちるだけでしたが、一年手入れを断った時、桜より早く花が満開になり、喜んでスマホで写真を撮りました。また実も十二、三個、橙色の美しいのが、草の上に落ちました。植えて何十年も経って初めて実がなり嬉しい限りです。おいしいあんずジャムができました。この木は亡き夫、研三さんがあんずジャムが好物で、あちこち美味しいものを探したのですが当時はあまり美味しいものが見付からず、長女が新宿の駅構内で売っていた杖の様な細い苗木を持ち帰り植えたもので、今は幹の径が二十五センチ程にも育っています。夫の生前に実がなれば美味しいあんずジャムを食べさせてあげられたのですが、花が咲いただけでも大変喜んでいたのを思い出します。

我が家の一番の庭の幸は柚子になります。五月に花が咲き、十一月中旬に黄色く色づきます。青い実の時も、お素麺に皮をすって添えると一段とおいしくなります。柚子は百個以上二百個もなるので、収穫して洗い加工するのに大忙しになります。

実を半分に切り、種を取り搾り器で搾ると、柚子の汁が下に溜まり、ぺちゃんこになった柚子ができます。これを細かく刻んで大鍋で柔らかくなるまで煮ます。そこへ砂糖を多めに入れて煮上げ、最後に柚子汁を半量程入れ、少し煮る。煮沸した瓶に入れて完成です。まるでジャム工場のよう。生のままや、ジャムにした物をまずは我が子や親戚に配りますが、近所の方々にも貰って頂いたりしないと、とても消費しきれない量が仕上がります。

いろいろ書くと大きな土地でお金持ちの様に聞こえるかもしれませんが、さにあらず、我が家は借地です。この家に住む人がいなくなれば、更地にしてお寺に返す事になっています。

私はできるだけ迷惑をかけないよう、今を大事に暮らしてゆこうと思っています。

銀杯草

珠子の宗教観　2021.7

珠子は知恩院派の浄土宗の家に嫁いできました。珠子の実家は浄土真宗でしたので西本願寺に属していました。「もんともの知らず」(浄土真宗の信者(門徒)が阿弥陀仏にばかり頼って他を顧みない様)と世間では言われていますが、浄土宗に比べるとやはり本当に楽なのです。

浄土宗のお盆の行事は、八月六日の「おしょらいさん(仏様)」迎えから始まります。六道珍皇子へ鐘を突きに行き、十三日の夕方「おしょらいさん」が各家に来られるので、お迎え団子、そう麺、ささげ(インゲンのような豆)の胡麻和えをお供えします。十四、十五日は、小芋、しい茸、高野豆腐、湯葉、いんげん豆などの煮物とずいきなま酢、茄子の味噌和え等、おやつはスイカ、おはぎ、白玉とお供えし、十六日の夕方、浄土へ帰られるので、お仏壇を閉め、大文字の送り火でお送りするまで大忙しなのです。

お嫁に来た時は何と大変な事をするのかと驚きましたが、姑がいなくなっても続けています。最近は略式にはしていますが、続けないと何だか悪いような気がして、終わるとまた今年も無事できたと嬉しく思います。

　お寺へは春秋のお彼岸とお盆に法要があるので、出席しています。親類の方々にも会えるので楽しみの一つになっています。また、お墓参りをすると安堵する気持ちになります。こう振り返ってみると、信心深いようにも見えますが、決してそんな事もない気がします。以前は御飯を炊く度に、お仏飯を供えていましたが、最近は止めてしまいました。お供えしてもお下げするのを忘れてしまったりするからです。この年になると自分の食事の支度だけで手いっぱいで、仏様まで手が回らなくなってしまっているのです。お菓子や果物はお供えしていますが。

　最近、「仏様はお墓におられない」という歌を思い出し、神様仏様は天におられるように思っていたと思い返し、ますます毎日御仏壇を拝まなくなってしまいました。

　私はキリスト教の幼稚園に通っていました。卒園後も日曜学校に通い、クリスマスには、ベールを被り天使様になり劇に出たりもしました。

　なので、神様は天におられると子供の頃から思い込んでいましたが、それでも神社では家族の健康をお祈りし、手を合わせたりもします。

　一体、私の宗教は何なのだろうと思います。

私は神様はいらっしゃると信じています。特定の宗教に属した神様ではなく、宇宙を支配する神様が存在すると思います。また、魂（霊）は、肉体が亡くなっても存在すると思っています。目には見えない、無色透明の何者かが神様で、私達はいつも神様、先祖の霊に守られて暮らしていると思います。この思い、宇宙の摂理に従って生きてゆく。これが私の宗教観だと思います。

最近ある本で「イスラム教は日本古来の神道に似通うものがある」という記事を読みました。今までイスラム教は、指導者の言われるままに、行動する、怖い宗教の様な気がしていましたが、あるイスラム教信者に接して、その人格に触れ、この様な方を育てるイスラム教は良い宗教かもしれないと思うようになりました。

私が金曜日に通っている体操教室は車で送り迎えをして下さいます。その時に、立ち寄る場所のお店の前で中東の方が、自分の敷物を敷いてお祈りの準備をしていました。その場所は細い道に面していて、幅1・5m程の小さな空間なので、雨が降れば濡れてしまう場所でした。京都ではこの様な場所しかお祈りをする所がないのかと、申し訳ない気持ちになりました。

京都のお寺の中には千か所以上の借地を持ち、そこに暮らす人々から地代更新料の支払いを受け、また、拝観料の収入もあるお金持ちのお寺も見受けられます。

現実の世界は、多くの難民や困っておられる方々が大勢いらっしゃいます。これらの人々に手をさしのべる様な社会貢献をしていただきたいと願います。

難民達を援助しておられる団体、国連ＵＮＨＣＲ、国境なき医師団、ユニセフ、日赤等資金不足の団体に寄付していただけたらどんなにいいかと思います。

美しい衣を着て祈祷して下さるより有難く思います。どうか本来の人を救うというお寺の役割を実行していただきたいと願うばかりです。

秋分の一日　2021.10

今日は秋分です。外は朝からお日さまが輝いています。お部屋に居ないで庭へ出たくなるような爽やかなお天気です。

金魚に餌をやりに出て、ぶらぶらとお日さまのぬくもりを楽しみます。やさしい暖かさが身体を包んでくれます。

例年ならお寺で法要があるのでお参りするのですが、コロナで中止となり、各自、自由にお参りする事になりました。そのため亡くなった長男のお嫁さんにお墓参りも頼んでいたので、一日好きな事ができます。年を重ねるとこんなにゆったりとした時間がいただけるのです。何と有難い事でしょう。自分のしたい事、しなければいけない事だけをすればよいのです。

朝食後は、いつものように横になります。十一時から庭に出て、今日は前から気になっていた北東の茂り過ぎている隅から始める事にしました。丈五十センチも伸びて収穫のないミョウガをスボスボと切ってゆきます。気持ちのよい切れ味でみるみる土が見えてきます。

宝鐸草《ほうちゃくそう》も強い植物で増えるので根から草抜き器で抜きます。凌霄花《のうせんかずら》もはびこるので根元から切ってゆきます。東隣のお庭から盗人萩《ぬすびとはぎ》が五色の散椿《ちりつばき》にからんでいます。以前にこんなに可憐な萩に、なぜこの様な名前が付けられたのかと不思議に思いましたが、お隣のとたん塀のすき間から細い糸の様な茎を伸ばして侵入してくる様はまさに盗人なのです。ガラガラと大きな音がしましたが茎をたぐり寄せて切りました。

蔓《つる》性の植物は嫌いです。山芋、へくそ蔓《かずら》、蔦《つた》など。また、茎を伸ばして根を張ってゆく草、露草、現の証拠、つる桔梗、西洋露草なども嫌いです。

人間とは勝手な生き物で、自分の都合の悪い物は皆嫌いなのです。

散椿の下がすっきりしました。北にあるナナカマドに陽があたり喜んでいる様子。このナナカマドは大きな株を頂いたのに、生い茂った木の横に植えたため、今にも枯れそうに弱っていたので木を切りましたが、それでも元気がないので、今の所へ植え替えたので、やっと葉が大きくなりました。あの大好きなナナカマドの美しい花が見られるとよいのですが。茗荷の茎を片付け、時間を見ると十二時半でした。一時間半が体力の限界なので庭仕事は終わりにすることにしました。

この日は四時頃からまた庭に出ました。今度は白樺の木の周りを手入れすることにしました。萩が茂りすぎていて、枝垂《しだ》れて通れないので、まだ花が残っているのに思い切って切りました。この萩は仲の良かったお友達が家から持参して植えて下さったもので、我が家に萩はなかったので頂けた事が嬉しく、二人で植えました。「白萩を持ってきたつもりなのに赤だったね」と後で言っておられました。この方には芍薬《しゃくやく》も頂きました。真っ白で香りが上品で大好きな花です。今でも裏庭に育っています。

懐かしいお父さんやお母さん、兄弟姉妹、研三さん、純、お友達の顔が次々と浮かんできて、皆おられなくなったのだと、しみじみ思います。これが世の常なのでしょう。

白樺の根元に一人ばえの萩が大きくなってきました。萩は一株でよいので根本から切りました。それでもまた茂って花を沢山咲かせました。そのためかわかりませんが、弱っていた白樺が枯れてしまいました。いえ、枯れたように見えるだけかもしれません。白樺は雄雌二本でないと子孫ができないと思っていましたが、根の先に若木が育っているのを見つけました。萩に隠れて気が付かなかったのですが、もう二十センチ程にもなっています。別の根の先にも五センチ程の若木を見つけました。自然とは偉大なものです。

我が家に白樺がきて三十年以上経ちます。白樺が枯れたら淋しいなと思っていたので小さく芽吹く様子を見ると嬉しくなります。今日は二回も庭仕事ができて、庭が少しきれいになり、白樺の若木も見つかり、よい一日となりました。

過ぎし日によんだ歌

名の由来知りたきものに可憐なる
盗人萩と　紅花ぼろ菊

＊資料館＊

珠子とお母さん

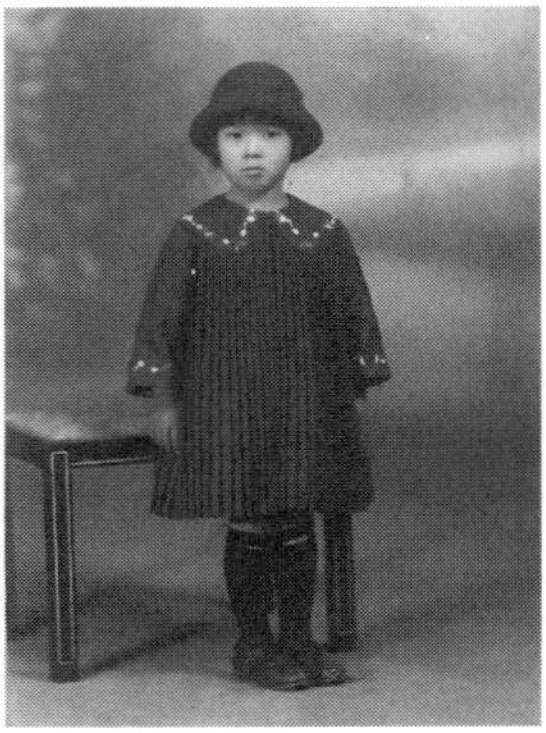

五つ参り

十三参り

御大典のお祭り

京都府北部での食糧増産

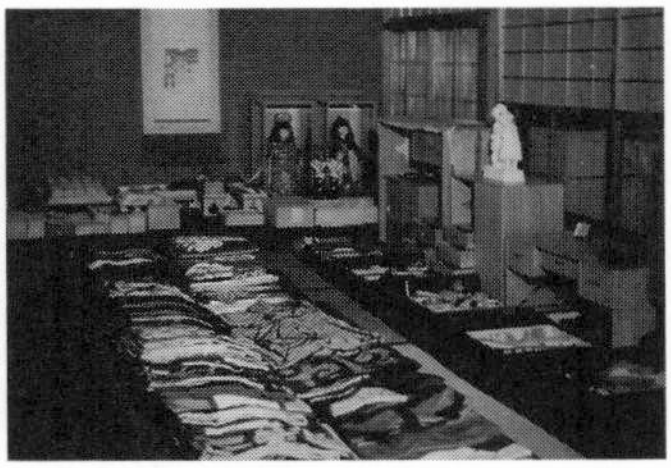

結婚準備

昔の洗濯風景

結婚式

大正３年、京都の葬式

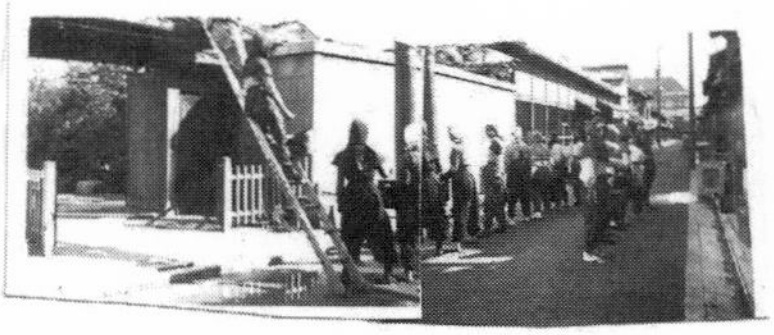

火消しの訓練

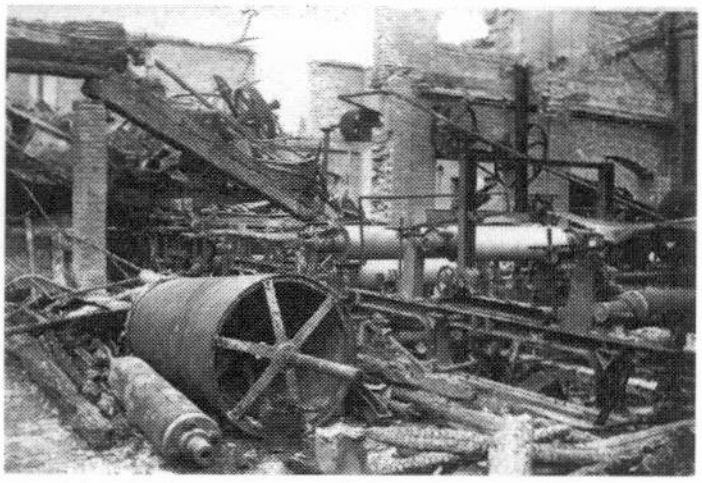

空襲で焼けた大阪の製紙工場

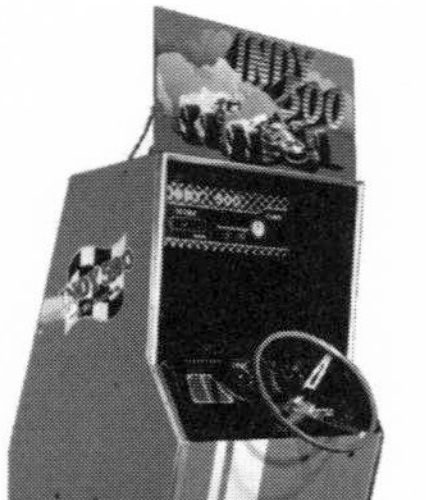

インディ 500

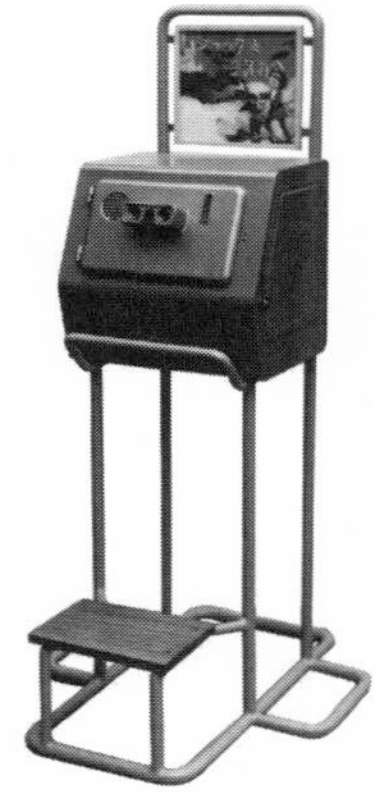

ステレオトーキー

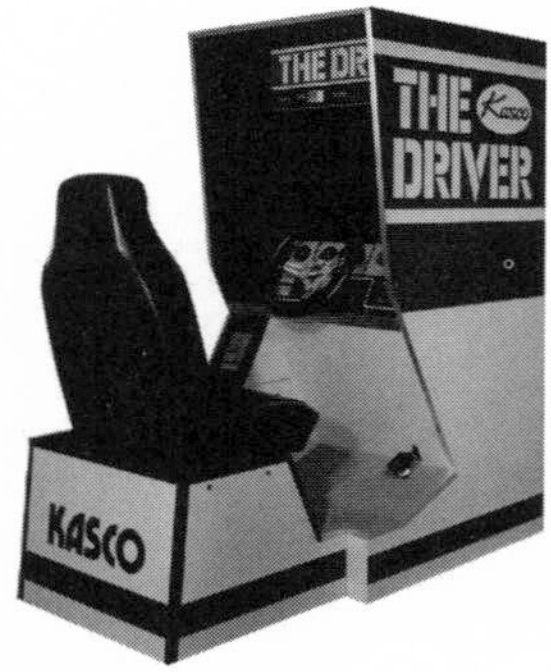

ザ・ドライバー

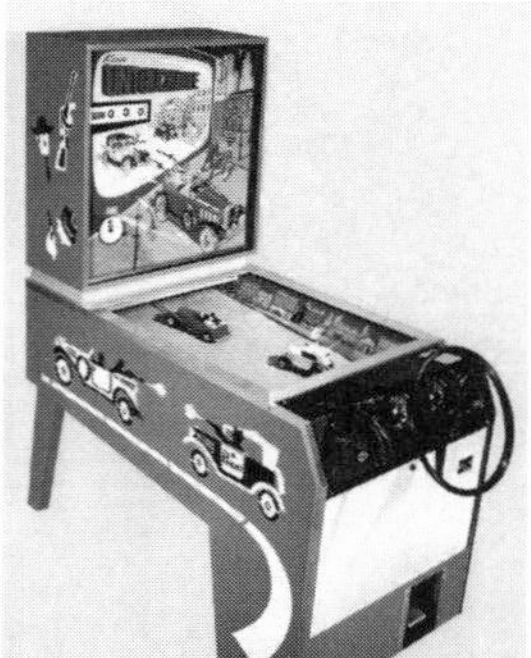

アンタッチャブル

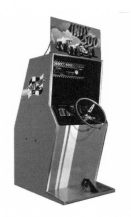

植物園にて

お気に入りの写真

ひ孫と裏庭にて

珠子の庭

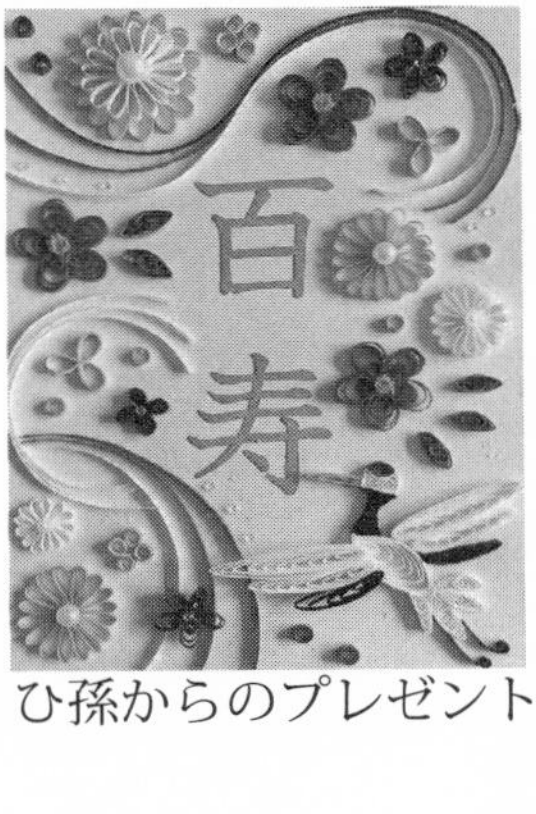

ひ孫からのプレゼント

美味しい塩こぶの作り方

昆布角切り　１００グラム　　みりん　１００cc
お醤油濃口　１００cc　　お酒　１００cc

干し椎茸　５枚ほどと、そのもどし汁　１００グラム　お好みで山椒の実　大さじ2杯程度お砂糖、酢を隠し味に入れます。

昆布は上等なほど美味しいですが、最近高価なので、量を増やすために干し椎茸を多めに入れます。

材料全部を一緒に鍋に入れ、ガスにかけ沸騰したら鍋を保温トレイの上にのせて柔らかくなるまで煮る。時々上下を混ぜてお味を見て煮汁が少なくなったら電源を切り、フタをとって、水分があれば飛ばして出来上がり。

ちりめん山椒

ちりめんじゃこ　１００グラム　　山椒の実　３０グラム
酒　砂糖　白だし　濃口醤油　──　適量

ちりめんじゃこはよく乾いたのを柔らかくするためにお酒と水を半々にひたひたまで入れて煮る。柔らかくなったら砂糖小さじ1　白だし小さじ1・5　濃口醤油小さじ1程入れて沸騰したらまた鍋を保温トレイに乗せて煮る。お汁が少なくなったら蓋を外して少し煮ると出来上がり、好みでお味は適当に足します。

編集後記（孫より）

祖母（珠子）の100年を見てみると、時代というものはこんなにも早く移り変わるものかと、つくづく感じます。結婚ひとつとっても、珠子のお母さんは結婚式当日に初めて夫に会ったと書かれておりますが、珠子とその兄弟はお見合い写真を見てから決めている様子が伺えます。そしてその子供（一子）はお見合いもしましたが最終的には大学の同級生と結婚しています。その時代の価値観でそんなものと思っているのでしょう。

ある時、祖父(研三さん)が大学生の私に「おじいちゃんはお尻の大きい人と結婚したかってん」と言いだしたので、「子供が生まれやすいとか、何かいい事あるの？」と聞き返すと「セクシーなんやがな」と言っていました。祖母(珠子)も祖父が吐血した事を知りながらも、「そんな方なら私が看病してさしあげます」と言ってお嫁に行っていますので、あの時代にしては案外、大恋愛だったのかもしれません。

祖母（珠子）はとても記憶力が良く、食べる事が大好きなおばあちゃんです。

若い頃は女中さんが食事の支度をしていたので、お嫁に行った頃の記述には「役に立たない嫁」などという表現が出てきましたが、今では料理好きのおばあちゃんとなっております。和食に限らず、洋食、中華も作りますし、季節のもの（新茶、ちりめん山椒、塩こぶ、タケノコ、ゆずジャム、梅ジャム）などは誰よりも美味しく作り、孫にまでもお裾分けが回って来ます。

　祖父(研三さん)は自分の冒険話を私にも沢山、語ってくれました。夜になるとウイスキーを片手にクラッカーやチョコレートをつまむのですが、孫の私はそのおつまみを横から拝借しながら二人でよくおしゃべりをしたものです。アイデアの豊富な人でしたので、ホログラムの様な物やカラオケの様な物、電子ピアノの様な物など、考え付いた物は色々と試作してみる人でした。ある時、目覚まし時計の音がうるさくてストレスが溜まると言う祖母に、定時になるとドライヤーの様に風が当る機械を作ってあげたそうです。祖母がちっとも起きて来なかったので、「あれはあかんかったなあ。」と言っていました。いいアイデアだと私は思いましたが、祖父にとっては駄作だったようです。そんな感じでいつも楽しく会話をしていたので、祖父が無口な人だったと亡くなってから聞いた時は驚きました。

晩年はいつも「たー子、たー子」と呼んで、探し回っていたのが印象的です。珠子が庭にお茶とお菓子を用意し、「あなた、お三時にしませんか？」と呼びかけると、「ほな呼ばれようかな」と、祖父が裸足のまま芝生に下り、二人そろって芝生の上にペタンと座り込み、仲むつまじくおやつを食べる。そんな光景を孫は微笑ましく見ておりました。祖父がとうとう目が見えなくなり、体が弱くなっても「ちょっとでも、ちょっとでも長くと思うと…」と言い、献身的に介護をする姿を見て、人としてなんて立派なのだろうと思いました。

ある日、祖母が「今日は純の誕生日だからお墓参りに行こう」と言い、庭でお花を摘み始めました。そこには祖母の好きな小さいお花が沢山摘まれていました。お墓に供えられた小さな花たちは決してあでやかではないのですが、愛情というものがとても伝わって来て、伯父もきっと喜んでくれているだろうなあとしみじみ思いました。

祖母の１００歳のお誕生日に「プレゼント何がいい？」と聞くと「化粧品がいい。色が白くなりたい」と言うのです。あれだけ庭に出ていたら気を使っていても日焼けをしてしまうのでしょう。そんな祖母に子ども達は「お母さん、そんなん無駄やない？」と言いますが、諦めません。私がプレゼントすると、「おばあちゃん、色が白くなれるように頑張るね」と言います。

先日、ひ孫と写っている写真が飾られているのを見つけ、「この赤ちゃん誰?」と聞くと、「ひ孫なんて誰でもええけど、皆、ひ孫の顔ばかり見て写真を撮るさかい、自分のええ写真がない。たまたまよう写ってるのがあったし、飾っておいた」との事でした。女性って何歳になっても変わらず女なんだなあと思います。

私が「ここまで来たら日本一目指して頑張ってね!」と言うと、笑って「ありがとう」と言います。子供、孫、ひ孫と、色々心配をおかけしますが、いつまでも皆を心配しつつ、長生きをして欲しいものです。

◇　海鳴社の文系本　◇

「今、ここに生きる」ためのCDブック
医師が導くとっておきの不安・うつ解消法

本書の付録のCDは、リラックスしながらただ誘導の声を聴いているだけで潜在意識の扉が開かれて、聴く人の内側に眠っていた可能性を開くように促していきます。ですので、付録のCDをぜひじっくりと何度も聴きながら、あなたの中の未知なる可能性を存分に開花させてください（著者より）

萩原優著/A5判 並製 94頁
本体価格1300円/ISBN:978-4-87525-357-0

ことばは味を超える— 美味しい表現の探求

テレビでもグルメ番組は花盛り。ところが料理の美味しさを伝える「味ことば」はきわめて少ない。そこで、人は触覚、視覚、嗅覚その他ありとあらゆる手段を講じてなんとか言語化し伝えようとする。

エッセイ、車内の吊り広告、グルメ雑誌、ネット、漫画などのことばの海に飛び込んで、繊細微妙な味を見分けて、味分けて、嗅ぎ分けた味の言語学入門。

瀬戸賢一編著／46判316頁
2500円／ISBN4-87525-212-9

どんぐり亭物語 —子ども達への感謝と希望の日々

問題行動を起こす子はクラスの宝——著者は不登校児をはじめ問題をもつ子の担任をし、その子たちを核にして暖かいクラス作りに成功した。その秘訣とは。

どんぐり亭では、森の力や畑の力を借りながら、不登校児のカウンセリングも行われている。復帰率は8割にも達するという。

人間ってこんなにすばらしいものなんだ、こんなに変われるものなんだという感動に満ちた記録。

加藤久雄著／46判220頁
本体価格：1600円／ISBN978-4-87525-267-2

おばあちゃんの名前は珠子と言います

著　者：吉川　珠子（よしかわ　たまこ）

2023 年 12 月 7 日　第 1 刷発行

発行所　㈱海鳴社

http://www.kaimeisha.com/
〒 101-0065　東京都千代田区西神田２－４－６
E メール：info@kaimeisha.com
Tel.：03-3262-1967　Fax：03-3234-3643

発　行　人：横 井　恵 子
組　　　版：海　鳴　社
印刷・製本：シナノ印　刷

出版社コード：1097

ISBN 978-4-87525-362-4　落丁・乱丁本はお買い上げの書店でお取り換えください